Königs Erläuterungen und Materialien
Band 184

Erläuterungen zu

Gottfried Keller

Kleider machen Leute

von Reiner Poppe

Über den Autor dieser Erläuterung:

Reiner Poppe: Studium der Anglistik, Romanistik und Germanistik. Unterrichtstätigkeit im In- und Ausland.
Postgraduiertenstudium im Fachbereich Erziehungswissenschaften und „Interkulturelle Studien".
Zahlreiche unterrichtsbezogene Veröffentlichungen zur amerikanischen, englischen und deutschen Literatur.

4., korrigierte Auflage 2007
ISBN 978-3-8044-1721-2
© 2002 by C. Bange Verlag, 96142 Hollfeld
Alle Rechte vorbehalten!
Titelabbildung: Gottfried Keller
Druck und Weiterverarbeitung: Tiskárna Akcent, Vimperk

Vorwort

Gottfried Keller – ein Autor für die Schule? Fürwahr, der Schweizer Dichter mit einem Herzen für Deutschland ist ein Klassiker für den Unterricht (geworden). Diese Tatsache bedeutet an sich noch nichts Negatives, besagt sie doch, dass in Schulen an guter Literatur festgehalten wird. Bedenklich wird es dort, wo man von Gottfried Keller nicht mehr wahrnimmt als seine drei bekanntesten Novellen (*Das Fähnlein der sieben Aufrechten, Romeo und Julia auf dem Dorfe* und eben *Kleider machen Leute*). Humor und ländliche Idylle – wer ihn auf diese beiden Charakteristika reduziert (wie dies im Unterricht oft genug geschieht), kann ihm nicht gerecht werden.

Gottfried Keller war ein politisch bewusster Mensch, ein Schriftsteller, der sich äußerst kritisch mit seiner Zeit und der Gesellschaft auseinandersetzte. Sich und sein Leben bezog er dabei durchaus ein.

Unser Erläuterungsband richtet sich nicht an den Kenner der Materie. Erreichen möchten wir Schüler, die sich mit der Novelle *Kleider machen Leute* ‚herumplagen‘ müssen; erreichen möchten wir auch Lehrer, von denen wir erwarten, dass sie diese Novelle als Material für ‚kritisches Lesen‘ verstehen und annehmen. Es fällt nicht schwer, einen aktuellen Bezug aus der Novelle abzuleiten (Goldach – Seldwyla). In einzelnen Teilkapiteln bietet unser Erläuterungsband entsprechende Hinweise an; die Literatur-Auswahl gibt dem Leser weitere Anregungen, sich eigenständig in die angesprochenen Aspekte zu vertiefen.

Unser Bestreben ist, den Lernenden in einer angemessenen Weise zu unterstützen, d. h. ihm Denk- und Schularbeiten nicht abzunehmen, ihm jedoch gebündelt Verstehens- und Materialienhilfen zu geben, an denen er sein Lernen orientieren kann. Dass auch der Unterrichtende sehr häufig daraus seinen Vorteil ziehen mag, ist nicht verwerflich. Es beweist im Gegenteil, wie nötig es ist, ihn durch „aufbereitete Lernstoffe" in seiner Vorbereitung wenigstens teilweise zu entlasten.

Wir wünschen dem Leser Freude und Gewinn nicht weniger aus der Lektüre der Novelle selbst als aus diesem begleitenden Erläuterungsband.

Zitiert wird nach folgender Ausgabe: Keller Gottfried: *Kleider machen Leute. Novelle*. Anmerkungen von R. Selbmann. Stuttgart 2000 (Reclam, RUB 7470).

1. Gottfried Keller: Leben und Werk[1]

1.1 Biografie

Jahr	Ort	Ereignis	Alter
1819	Zürich	Gottfried Keller kommt am 19. Juli als Sohn des Drechslermeisters Rudolf Keller und dessen Ehefrau Elisabeth (geb. Scheuchzer) in Zürich zur Welt.	
1822	Zürich	Die Schwester Regula wird geboren. Lebenslange Bindung der beiden Geschwister.	3
1824	Zürich	Der Vater stirbt am 12. August.	5
1825	Zürich	Gottfried kommt in die Armenschule.	6
1826	Zürich	Die Mutter heiratet wieder (Hans-Heinrich Wild); die Ehe wird 1834 geschieden.	7
1833	Zürich	Gottfried besucht die kantonale Industrieschule – dichterische Anfänge (Dramen).	14
1834	Industrieschule	Gottfried Keller muss wegen eines disziplinarischen Vergehens die Schule verlassen. Er beginnt eine Lehre beim Maler und Lithografen Peter Steiger.	15
1837	Zürich	Malunterricht bei Rudolf Meyer in Zürich.	18

---

1 Orientiert an Paul Rilla (Hg.), *Über Gottfried Keller*. Zürich 1978.

Jahr	Ort	Ereignis	Alter
1838	Zürich	Im Frühjahr verlässt Meyer Zürich; Gottfried Kellers Malstunden sind unterbrochen; intensive Lektüre: Balzac, Hugo, Shakespeare. Tod seiner „Jugendliebe" Henriette Keller. *Das Grab am Zürichsee* (Gedichte auf den Tod der H. K. vom 29. 5. 1838).	19
1840	München	Gottfried Keller geht nach München, um dort seine Malstudien fortzusetzen und eine gediegene künstlerische Ausbildung zu erhalten. Ernste Stimmungsdämpfer. Ständige Geldknappheit.	21
1842	München/ Zürich	Nach ernstem Bemühen, aber auch unbekümmertem Studentenleben kehrt Gottfried enttäuscht im November nach Zürich zurück. Der erhoffte Durchbruch ist ihm nicht gelungen.	23
1843–47	Zürich	Gottfried Keller beginnt ernsthaft zu schreiben, die Malerei tritt in den Hintergrund.	24–28
1844	Zürich	Erste Erfolge (Lyrik). – Keller verkehrt mit den deutschen Emigranten in Zürich (Follen, Freiligrath, Herwegh, Schulz,	25

Jahr	Ort	Ereignis	Alter
		Fröbel). Er nimmt am ersten Freischarenzug gegen Luzern teil (Dezember).	
1845	Zürich	Veröffentlichung einiger seiner Gedichte in Fröbels „Literarischem Comptoir". – Er beteiligt sich am zweiten Freischarenzug.[2]	26
1846–47	Zürich	Freundschaft mit W. Baumgartner; Keller wirbt (vergeblich) um Luise Rieter. Reise nach Graubünden. Weitere Veröffentlichungen (Lyrik).	27–28
1848	Zürich/ Heidelberg	Gottfried Keller erhält ein Ausbildungsstipendium für Heidelberg. Im Oktober bricht er zum Studium nach Heidelberg auf.	29
1849	Heidelberg	Freundschaft mit dem Privatdozenten für Ästhetik, Kunst- und Literaturgeschichte, Hermann Hettner, und dem Philosophen Ludwig Feuerbach. Auch dieser Aufenthalt führt nicht zum „Erfolg" im Sinne einer bürgerlichen Berufsqualifizierung. Doch die Zeit lässt Keller reifen.	30

---

2 In der Jesuitenfrage kam es zwischen der Regierung und einer radikalen Opposition zu Kampfhandlungen. G. Keller hatte sich dem Züricher Trupp angeschlossen und war bereit, mit der Waffe zu kämpfen. Beide Male erreichte er allerdings nicht die Kampfstätten.

Jahr	Ort	Ereignis	Alter
1850	Heidelberg/ Köln/Berlin	Im Frühjahr verlässt Keller Heidelberg, reist über Köln nach Berlin. – Kontakte zum Verleger Vieweg. – Keller arbeitet an der 1. Fassung des *Grünen Heinrich*. Gottfried Keller ist Gast im Salon der F. Lewald, des Verlegers F. Dunckers, bei K. A. Varnhagen von Ense. – Trotz des weiterhin von Zürich gewährten Stipendiums ist Keller in finanziellen Nöten. Im Ganzen ist er auch nicht allzu gern in Berlin.	31
1854	Berlin	Um Keller aus seinen materiellen Nöten zu helfen, bieten Schweizer Freunde ihm einen Lehrstuhl für Literatur- und Kunstgeschichte am neu gegründeten Zürcher Polytechnikum an. Keller lehnt ab.	35
1855	Berlin/ Dresden/ Zürich	Liebe zu Betty Tendering, einem „reichen, schönen und großen Mädchen" (unerwidert). – Im November verlässt Keller die Stadt und kehrt über Dresden nach Zürich zurück. Er hat sich als Schriftsteller etabliert.	36

Jahr	Ort	Ereignis	Alter
1856	Zürich	Der 4. Band des *Grünen Heinrich* erscheint bei Vieweg. In Zürich Umgang mit Th. Vischer, R. Wagner und P. Heyse. Erscheinen von *Die Leute von Seldwyla I* bei Vieweg.	37
1855	Hottingen	Sechs Jahre lebt Keller als „freier Schriftsteller" bei seiner Mutter und Schwester in Hottingen.	36
1861	Zürich	Gottfried Keller wird zum 1. Staatsschreiber des Kantons Zürich gewählt (14. November). Er bezieht in der Staatskanzlei seine Wohnung. Das *Fähnlein der sieben Aufrechten* erscheint in „Auerbachs Wochenkalender".	42
1864	Zürich	Am 5. Februar stirbt Gottfried Kellers Mutter.	45
1866	Zürich	Gottfried Keller verlobt sich mit der dreiundzwanzigjährigen Luise Scheidegger. Sie wählt am 13. Juli desselben Jahres den Freitod.	47
1867	Zürich	Wilhelm Baumgartner, der Freund durch alle Jahre, stirbt.	48
1869	Zürich	Die Stadt Zürich ernennt G. Keller zum Ehrendoktor.	50
1870	Zürich	Die erste sozialdemokratische Partei der Schweiz wird gegründet. Nach gewissenhafter	51

Jahr	Ort	Ereignis	Alter
		Amtspflichterfüllung spielt Keller wieder mit dem Gedanken, sich mehr dem Schriftstellern zu widmen.	
1872	Zürich/ München	Keller löst sich von Vieweg und wird Autor bei Göschen. *Sieben Legenden*. Freundschaft mit Marie Exner, der Schwester des befreundeten österreichischen Juristen Adolf Exner. Reise nach München. Keller nimmt seinen ersten Urlaub seit Amtsantritt (14. November 1861).	53
1873–74	Salzkammergut	*Die Leute von Seldwyla II* erscheinen bei Göschen. Keller verbringt mit den Geschwistern Exner Ferien im Salzkammergut.	54–55
1875–76	Bürgli	Gottfried Keller tritt von seinem Staatsschreiberamt zurück, um die Schriftstellerei hauptberuflich aufzunehmen. Er bezieht eine neue Wohnung auf dem „Bürgli". *Züricher Novellen*. – Keller beginnt mit Theodor Storm zu korrespondieren.	56–57
1879–80	Bürgli	Die Bände 1–4 des *Grünen Heinrich* werden bei Göschen neu verlegt (sog. 2. Fassung).	60–61

Jahr	Ort	Ereignis	Alter
1882	Hottingen	Gottfried Keller zieht erneut um (ins „Thaleck" am Zeltweg in Hottingen-Zürich).	63
1883	Hottingen	*Gesammelte Gedichte* erscheinen.	64
1884	Hottingen	Gottfried Keller, der zunehmend vereinsamt, arbeitet an seinem letzten Werke, dem *Martin Salander*.	65
1885	Hottingen	Eine enge Freundschaft zwischen Gottfried Keller und dem Basler Maler Arnold Böcklin, der sich in Zürich niederlässt, entwickelt sich. Sie verschönt Kellers Lebensabend.	66
1886	Hottingen	*Martin Salander* erscheint als Vordruck in der „Deutschen Rundschau"; als Buch im Dezember bei Hertz.	67
1888	Hottingen	Die Schwester Regula stirbt am 6. Oktober.	69
1889	Hottingen	Die Schweiz feiert Gottfried Kellers 70. Geburtstag. Den Festlichkeiten entzieht sich der Dichter durch einen Aufenthalt im Hotel ,Sonnenberg' auf dem Seelisberg. – *Gesammelte Werke* in 10 Bänden bei Hertz. – Von September bis November hält sich Gottfried Keller zu einem Kururlaub in Baden bei Zürich auf.	70

Jahr	Ort	Ereignis	Alter
1890	Hottingen	Seit dem Beginn des Jahres ist Gottfried Keller bettlägerig. Er erleidet zwei Schlaganfälle. Am 15. Juli, vier Tage vor seinem 71. Geburtstag, stirbt er.	70

1.2   Zeitgeschichtlicher Hintergrund

Zwei Jahre vor seinem Tod wurde Gottfried Keller von dem damals berühmten Künstler Stauffer-Bern porträtiert. Die Radierung zeigt ihn in ganzer Gestalt auf einem Stuhle sitzend, mit der Zigarre in der linken, dem Taschentuch in der rechten Hand, wie er tiefsinnig und anscheinend trübe vor sich hinblickt. Es grenzt etwas an Karikatur, wie der große, schwere und bedeutende Kopf mit dem vollen und struppigen Bart auf einem viel zu kleinen Körper sitzt. Keller war eine eigenartige Natur. Ins Auge fällt seine unproportionierte Körperlichkeit. Der Widerspruch zwischen dem großen Kopf und dem kurzen Leib lässt vermuten, dass in ihm recht verschiedene körperliche Anlagen eine etwas schwierige Mischung gefunden haben. Die Bilder seiner Eltern geben einige Auskunft. Der Vater war von jenem schlanken Typ, der mit einem starken Drang zur Tätigkeit und einem verinnerlichten Hang nach dem Idealen die Anlage zu tuberkulöser Erkrankung und frühem Tode verbindet. Die Mutter hingegen gehörte zu dem groben, starkknochigen Menschenschlag des schweizerischen Bauerntums mit seiner wirtschaftlichen, nüchternen, den Engen des Lebens zugewandten Tüchtigkeit. Es kann gar kein Zweifel sein, dass – ebenso wie sein körperliches Bild – auch das seelische Naturell Gottfried Kellers eine irgendwie unvollendete Mischung elterlicher Gegensätze des Menschlichen darstellt. Das „Fragmentierte" seines Wesens mag ausschlaggebend gewesen sein für seine vielen Lebensnöte, aber auch für die Fähigkeit Kellers, die Gegensätze seines Wesens zu schöpferischer Kraft zu verbinden.

Gottfried Keller – vollendete Mischung elterlicher Gegensätze

Merkwürdig verteilt sich sein dichterisches Werk auf zwei große Lebensabschnitte, die von einer sechzehnjährigen Pause in der Mitte seines Lebens getrennt sind. In diesem Zusammenhang ist interessant, sich diesen Rhythmus seines Schicksals zu vergegenwärtigen. Die erste Periode, die der Kindheit, endet im Jahre 1834 mit der Ausweisung aus der Schule. Sie umfasst 15 Jahre. Die zweite Periode ist die Zeit der Malerei, sie beginnt 1834 und endet 1842, umfasst also 8 Jahre. Die dritte ist die der ersten dichterischen Erfolge, sie zeigt uns Keller als Lyriker und im Wesentlichen als politischen Dichter. Es sind die Jahre 1842 bis 1848, in Zürich verbracht. Hieran schließt sich als vierte Periode die Zeit in Heidelberg und Berlin, des Feuerbacherlebnisses und des Ringens um die Fertigstellung der ersten Fassung des *Grünen Heinrich,* die Jahre 1848–55, also ein Zeitraum von 7 Jahren. Eine fünfte Periode, 6 Jahre umfassend (1855–61), ist die Zeit nach der Rückkehr aus Berlin, eben jene Lebenszeit, für die Keller sich so vieles vorgenommen hatte und in der er dennoch so völlig verstummte, dass man ihn einen Siebenschläfer nannte und dass wir hier irgendwelche biologischen Zwangsläufigkeiten annehmen müssen. Im Jahre 1861 trat er das Amt eines Staatsschreibers in Zürich an, eine Hinwendung zur praktischen Tätigkeit, etwa der Goethes in Weimar vergleichbar. Dieses Amt ließ die dichterischen Arbeiten ganz zurücktreten. Erst allmählich machte sich diese Seite wieder in ihm bemerkbar. Keller zog alsbald aus diesem Wiedererwachen der literarischen Produktion die Konsequenzen, indem er 1876 seine Stellung als Staatsschreiber aufgab, um sich ganz der schriftstellerischen Tätigkeit zu widmen. Und diesmal blieb ihm seine Produktivität bis zu seinem Ende treu. Diese letzte Periode dauerte bis zu seinem Tode, also 14 Jahre.

keine Kontinuität in seiner Entwicklung zum Schriftsteller

Über Zeiten hinweg reichen der Elsässer Gottfried (von Straßburg), der Schwabe Schiller und der Schweizer Keller als kritische, schwerblütige und grüblerische Dichtergestalten in ihrem Streben nach hohen Idealen einander die Hände, bedächtig im Kleinen und Alltäglichen, aber aufflammend im Außerordentlichen – das verkünden Schillers unsterbliche Dramen, das klingt auch aus Kellers Werk, hier freilich verhaltener und gedämpfter. Über die Grenzen seiner Heimat hinaus zog es Gottfried Keller nach Deutschland, wo er seinen Bildungshunger und seine Sehnsucht nach der Ferne zu stillen hoffte. Zugleich aber war es auch ein gesunder Instinkt, der ihn hinaustrieb, wollte er doch nicht seine geistig-seelische Schwungkraft verlieren und als „Seldwyler" verkümmern. Haben nicht seine zeitgenössischen Landsleute Jeremias Gotthelf und Conrad Ferdinand Meyer den gleichen Weg beschritten?[3] Die „Wanderjahre" sind für Gottfried Keller nicht leicht gewesen. Nur wenige seiner Zeitgenossen ahnten und fanden das weiche und gütige Herz, das sich hinter seinem oft schwerfälligen Wesen, hinter seiner herben, knorrigen, oft schroffen Art verbarg. So fehlte es denn auch nicht an traurigen Erfahrungen und   *„raue Schale – weicher Kern"* bitteren Enttäuschungen, die Keller, besonders in der Liebe, auskosten musste.

Das Provinzielle seiner engeren Heimat brachte fraglos die polemisch-kritischen, spontan und heftig aufbegehrenden Anlagen in ihm besonders scharf zum Ausdruck, andererseits mochten es die bedrückend engen Verhältnisse im Hause, der stete Umgang mit der ihm im Tiefsten wesensfremden Mutter und seiner verbitterten Schwester und die harte, so verhäng-

---

3   G. Keller selbst verehrte besonders den Pfarrer und Schriftsteller J. Gotthelf (1797–1854), über den er sagte: „Gotthelf war ohne alle Ausnahme das größte epische Talent, welches seit langer Zeit und vielleicht für lange Zeit lebte". G. Keller, *Über Jeremias Gotthelf*, Zürich 1978 (Zitat auf der Rückseite des Buches).

nisvoll in sein Leben eingreifende Schule gewesen sein, die zusätzlich seinen Hang zu Verschrobenheit und Einsamkeit verstärkten.

Aber trotz der harten Prüfung durch das Schicksal ging dieser Schweizer Dichter so tapfer seinen Lebensweg, weil ihm die Natur eine köstliche Gabe in die Wiege legte: den tiefen, den „goldenen" Humor, durch den er einen herrlichen Triumph über alle Unzulänglichkeiten des Daseins und über sein eigenes Ich errang, um aus einer Höhe großartiger Geistesfreiheit und Überlegenheit lächelnd und verstehend auf das oft bunte Spiel des Lebens hinabzusehen und es innerlich zu meistern.

1.3 Angaben und Erläuterungen zu wesentlichen Werken

Als Dichter und Künstler ist Gottfried Keller zeitlebens ein Unabhängiger, ein Eigener geblieben. In ihm vereinigt sich aufs Glücklichste das realistische Element der Schweizer mit dem fantastisch-idealen der Deutschen. Von unerbittlichem Wahrheitsdrange beseelt, baute er mit stolzem, freiem und zuweilen trotzig-kühnem Selbstbewusstsein bedeutsame Schöpfungen auf, dabei Romantisches und Modernes harmonisch mischend und alle Stile, alle Töne meisterlich beherrschend. Auf Keller passt ein Wort Friedrich Hebbels, der doch in vieler Hinsicht als ein poetischer Gegenpol betrachtet werden muss: Dem Dichter dürfe auf keinem Gebiete fremd sein, was zu Seele und Geist in irgendeiner Beziehung steht; denn nur, wenn er das Universum in sich aufgenommen habe, könne er es in seinen Schöpfungen wiedergeben. Doch diesen geradezu erstaunlichen Reichtum an Mitteln, Farbtönen und Formen vergeudete Keller niemals. Vielmehr bewahrte er eine wohltuende Ökonomie, eine abgewogene Zweck- und Ebenmäßigkeit. Natur und Natürlichkeit waren ihm Hauptbedingungen dichterischen Gestaltens. Darum stellt er dem Helden seines *Grünen Heinrich* die Aufgabe, „die stille Herrlichkeit und Schönheit der Natur" zu betrachten und abzubilden, darum schreibt er seinem Schulfreund Johannes Müller in Frauenfeld: „Der Mensch soll nicht tugendhaft, sondern nur natürlich sein, so wird die Tugend von selbst kommen" (29. 6. 1837). Das Maß aller Dinge ist der von der Vernunft und reinen Sinnen bestimmte Mensch, der sich die Lebensaufgabe setzt, die irdische Wirklichkeit möglichst schön und ebenmäßig zu gestalten. Die Reichhaltigkeit seines erzählerischen Schaffens belegt nicht unwesentlich sein Tagebuch, von dessen Wert er schon 1838 sagte: „Ein Mann ohne Tagebuch (er habe es nun im Kopf oder auf Papier geschrieben) ist, was ein Weib ohne Spiegel". So hielt sich der Dichter von früh auf zu scharfem Beobachten und Sinnen an, dabei aber, obwohl von Hause ein heißblütiger Optimist und „barocker Fantast", scharf sichtend, sondernd und nachprüfend, so dass ihm jeder das Sachliche verzerrende oder ins allzu Rosige gehende Überschwang fern blieb. „Keller kennt keinen Superlativ", fand einmal der ihm befreundete Berthold Auerbach.[4] Mit Hilfe dieses geklärten und darum gesunden Optimismus überwand Keller auch das viele Widrige in seinem bewegten Leben, wissend, dass „Leiden, Irrtum und Widerstandskraft das Leben erhalten". Auf dieses innere Erstarken und Reifen war 1850–55 sein Berliner Aufenthalt von entscheidender Bedeutung. Weil sein Lachen auch unter Tränen nicht bitter ist, empfinden wir seinen Humor – gleich dem Fritz Reuters – durchaus als natürlich und ohne alle Effekthascherei; selbst groteske Scherze wirken nie abstoßend, derber Scherz artet nicht aus. Die Grundlage des Humors ist die entschiedene Weltbejahung; doch ist diese nicht rein stimmungsvoll, sondern ethisch gegründet und gewinnt damit Weltanschauungscharakter. Wohl macht er sich aus vollem Herzen lustig über jede Disharmonie des Einzelnen, aber „wenn er auch über das Einzelne lächelt, er lächelt nur über seine individuelle Form, gleichzeitig bejaht er es ehrfürchtig, liebend, als Teil und Ausdruck des Ganzen"[5], weiß er doch, dass diese Disharmonie förmlich zur Harmonie des Ganzen drängt und sie um so bemerkenswerter werden lässt. Im Einzelnen ist dieser Humor

---

4   Berthold Auerbach (1812–1882) ist der ‚Vater der Dorfgeschichte'. – In A.'s „Volkskalender" veröffentlichte G. Keller im Jahre 1861 *Das Fähnlein der sieben Aufrechten*. – Vgl. ausführlich: Jürgen Hein, *Dorfgeschichte*, Stuttgart 1976, besonders S. 77–82.

5   Ich verweise hier auf die Bibliografie bei Herrmann Boeschenstein (u. a. Ph. Witkop, 1911).

in den Werken Kellers nach Ton, Wert und Tiefe verschieden, er gewinnt an Gehalt mit dem steten Reiferwerden und klingt besonders voll, tief und klar in seinen letzten Schöpfungen.[6]
Naturhaftigkeit ist das Wahrzeichen von Kellers Kraft und Größe: Er wollte nie mehr sein und schaffen, als seine Natur ihm vorzeichnete. So hat er sich nicht durch wirres Planen zermürbt und innerlich gehemmt, vielmehr konzentrierte er sich auf das ihm besonders gut liegende Feld der Erzählung und schuf Meisterwerke, in denen Natur und Naturhaftigkeit den Grundton bilden. Dieser echt und innig vorwaltende Drang zur Naturhaftigkeit hat ihn auch zu einem hervorragenden Heimatdichter gestempelt. Schweizerisch ist bei Keller fast alles: die Menschen, die er in seinem künstlerisch-biologischen Empfinden in den sie umgebenden Verhältnissen und Lebensbedingungen in spezifisch schweizerischen Farbtönen und -linien zeichnet. Schweizer Luft und Leben durchfluten seine Werke, ja, schweizerisch in gewissem Sinne ist auch sein Stil, naiv, bisweilen trocken, dann wieder lyrisch beseelt, gedrungen, kraftvoll massig, doch nie leer und phrasenhaft. Den Edelschliff aber hat er Deutschland zu verdanken, das er ehrte und als seine zweite Heimat ansah.
Naturnähe trug und webte auch die Liebesszenen seiner Erzählungen. Gottfried Keller, der alte Junggeselle, hatte bei seinem heißblütigen Wesen auch hier viel durchlebt und durchlitten. Obwohl ihm das Glück einer Ehe – so manches Mal verlockend nahe – nie gelächelt hatte, wurde er weder ein weltschmerzlicher Kläger und Verächter, noch in verletzter Eitelkeit ein Hasser. Sein starker, wohlgemuter und edler Optimismus erstickt alle Bitterkeit. Heilend wirkte in solchen Verwicklungen Mutter Natur, in deren Arme er immer wieder eilte und die ihn nie enttäuschte.

---

6 vgl. Emil Ermatingers fundierte Beiträge, die einen Eckpfeiler der Keller-Forschung bilden (⇒ Literatur).

Gerade in Naturszenen und -bildern ist Gottfried Keller wie kaum ein anderer ein malender Dichter. Er besitzt eben in hohem Grade die empfindsame Anschauungskraft und in Verbindung damit die innige Einfühlungsgabe eines echten Landschaftlers. Aller Naturfrevel findet in ihm einen scharfen Verfolger und Ankläger. Er hat nicht bloß einen großen Natur-, sondern auch Welthunger, und im einen wie im andern gibt es für ihn kein Sattschauen. So lebt und webt in ihm eine unermessliche Fülle von Ursprünglichkeit.

Gottfried Keller: Geläufige Titel – Übersicht (1854–1886)	Parallel entstandene Werke anderer Autoren des Realismus
Der grüne Heinrich (Roman in vier Bänden); unter dem Einfluss des Philosophen Feuerbach entstandener Bildungsroman	Paul Heyse: *L'Arrabiata* (Novelle, 1855)
Die Leute von Seldwyla (Novellen in zwei Bänden)	Wilhelm Raabe: *Die Chronik der Sperlingsgasse* (Roman, 1857)
Sieben Legenden	Conrad F. Meyer: *Huttens letzte Tage* (Verserzählung, 1871)
Züricher Novellen (in zwei Teilen)	Wilhelm Busch: *Die fromme Helene* (Bildergeschichte, 1872)
Das Sinngedicht (Novellen-Zyklus)	Theodor Fontane: *Vor dem Sturm* (Roman, 1878)

Martin Salander (Roman)

Conrad F. Meyer: *Kleine Novellen* (Novellensammlung in vier Bänden, 1882/83)

Theodor Storm: *Altersnovellen* (zwischen 1880 und 1888 entstanden, zuletzt *Der Schimmelreiter*, 1888)

2. Textanalyse und -interpretation

2.1 Entstehung und Quellen

vorherrschend Zyklus- und
Rahmendichtungen

Gottfried Keller ist ein ausgesprochener Freund der Zyklus- und Rahmendichtung.[7] Auch unsere Erzählung ist der Sammlung: *Die Leute von Seldwyla* entnommen, einem Kranze von zehn an sich durchaus verschiedenartigen Novellen, die der Dichter vor den Hintergrund einer gemeinsamen Örtlichkeit setzt. Im Vorwort der Erstausgabe stellte Keller den Ort Seldwyla als den Inbegriff eines kleinen, gemütlichen, in sich geordneten und zufrieden wirkenden Gemeinwesens heraus. In einer zweiten Vorrede korrigierte Keller dieses Bild und „benennt ökonomische, soziale und politische Veränderungen in Seldwyla, die mit der beschaulichen Idylle (...) wenig mehr zu tun hat."[8]

Sieben dieser köstlichen Erzählungen, die fast schon hinreichen, ihn zum Liebling der Schweizer und Deutschen werden zu lassen, hatte der Dichter bereits 1855 fertig; jedoch nur fünf davon veröffentlichte er 1856 bei H. Vieweg in Braunschweig, während die zweite, auf zehn Novellen vermehrte Ausgabe, die auch *Kleider machen Leute* enthält, 1873/74 bei Göschen in Leipzig erschien. Im Nachwort zu *Romeo und Julia auf dem Dorfe* schreibt K. Nussbächer:

---

7   Neben G. Keller bevorzugte Th. Storm in seinen Novellen die „Rahmentechnik". – Vgl. dazu allgemein: E. Lämmert, *Bauformen des Erzählens* und Hans Bracher, *Rahmenerzählungen und Verwandtes bei G. Keller, C. F. Meyer und Th. Storm.*
8   R. Selbmann, S. 60

„Die Objektivität des realistischen Künstlers entspringt weniger einer kühlen Sachlichkeit als einem starken Herzen, das mit seinem ‚Objekt' liebend verbunden ist, auch in der Ironie, der drastischen, zuweilen grausamen Komik. Geheim fließen auch in die Novelle ganz persönliche Erlebnisse des Dichters ein, und zumal seine wunderbaren Frauengestalten sind geboren aus Traum und Sehnsucht unerfüllter Liebe."[9]

Wenn der bahnbrechende Ästhetiker F. Th. Vischer (1807–87) das Wesen der Novelle dahin kennzeichnet, dass sie nicht das umfassende Bild der Wertzustände gibt,

„aber einen Abschnitt daraus, der mit intensiver, momentaner Stärke auf das größere Ganze als Perspektive hinweist, – nicht die vollständige Persönlichkeit, aber ein Stück aus dem Menschenleben, das eine Spannung, eine Krise hat und uns durch eine Gemüts- und Schicksalswendung mit scharfem Akzente zeigt, was Menschenleben überhaupt ist"[10],

so können wir sagen, dass Gottfried Keller in diesem Novellenzyklus überhaupt und auch in der vorliegenden Erzählung, die das Verhältnis eines Menschen zur Welt in einer wunderbar gedrängten Episode spiegelt, sich als Meister neuzeitlicher Erzählkunst offenbart. Er wollte in diesem Werk die „Kleinlichkeit des menschlichen Wesens"[11], wie sein Biograf Jakob Baechthold hervorhebt, züchtigen, und das ist ihm bestens gelungen. Die fünf neueren Novellen sollen, wie der Dichter im

> Rege wissenschaftliche Auseinandersetzung mit Bekanntem und weniger Bekanntem aus seinem Erzählwerk

---

9   Vgl. K. Nussbächer im Nachwort zu G. Kellers bekannter Novelle *Romeo und Julia auf dem Dorfe* (RUB 6172).

10 Zur Novelle vgl. weiter: Karl Konrad Polheim (Hg.). *Theorie und Kritik der deutschen Novelle von Wieland bis Musil*, S. 122.

11 Jakob Baechthold, der erste Keller-Biograf, gehört zusammen mit E. Ackerknecht, E. Ermatinger, R. Faese, A. Frey, G. Lukacs oder Th. Roffler zur „älteren" Generation der Keller-Forscher, die Gültiges ausgesagt haben. – Vgl. H. Boeschenstein, Anm. 5

Vorwort ausführt, aus der Vergangenheit Seldwylas und deren guten lustigen Tagen „eine kleine Nachernte" darstellen.

An dieser Stelle möchte ich die wissenschaftliche Auseinandersetzung mit den übrigen *Seldwyla*-Novellen kurz beleuchten. Es fehlt nicht an Gesamtbetrachtungen zur Novellensammlung (Höllerer, Lange-Stichtenoth, Mews, Ohl, Richter u. a.). – Der 1. Teil der Sammlung enthält zweifellos die einem breiteren Publikum eher bekannten Novellen, so *Pankraz, der Schmoller*, *Romeo und Julia auf dem Dorfe*, *Die drei gerechten Kammacher* und *Spiegel, das Kätzchen*, denen sich die Forschung im Einzelnen intensiv zugewandt hat.

Aus dem 2. Teil ist neben *Kleider machen Leute* vielleicht noch *Dietegen* bekannt. Die anderen (*Der Schmied seines Glückes*, *Die missbrauchten Liebesbriefe*, *Das verlorene Lachen*) sind nur dem Kenner vertraut, ebenso wie *Frau Regel Amrain und ihr Jüngster* aus dem 1. Teil.

Zu *Romeo und Julia* liegen die meisten Veröffentlichungen vor. – Aber es fehlt auch nicht an profunder wissenschaftlicher Auseinandersetzung mit den weniger geläufigen der *Seldwyla*-Novellen. Während zu *Romeo und Julia* vielseitige Zugänge gesucht und gefunden wurden, ragen zu *Kleider machen Leute* die Untersuchungen B. v. Wieses und B. A. Rowley's heraus (s. Literatur). Dabei hat Rowley zwingend auf die Ähnlichkeit der Liebesgeschichten in *Romeo und Julia* und *Kleider machen Leute* hingewiesen, wobei hier Nettchen – im Gegensatz zu Vreni – die Wendung zum Positiven einleitet.

Höllerer, Mews und Richter seien hier noch einmal mit ihren bedeutenden Beiträgen zum *Seldwyla*-Zyklus erwähnt. Ihnen ist Muschg zur Seite zu stellen, auf dessen maßstabsetzende Charakterisierung von *Seldwyla* ich an anderer Stelle eingehe. Entschieden wehrte sich Gottfried Keller gegen den ihm häufig nahegebrachten Vorschlag, seine Werke von Künstlerhand mit Illustrationen versehen zu lassen. Angesichts der von allen ernsthaften Kritikern rückhaltlos anerkannten Tatsache, dass der Dichter seine Gestalten sowie deren Umgebung und lebensbedingenden Verhältnisse und Umstände so genau, plastisch und scharf gezeichnet hat, wirkt dieser Widerstand verständlich; die Sinnfälligkeit und Anschaulichkeit könnte, selbst bei künstlerisch-wert-

Kleider machen Leute – fast ein Märchen um einen verwunschen Prinzen

voller Ausschmückung, nur beeinträchtigt, aber nicht gesteigert werden.

Der seltsamen, an urkomischen Situationen überaus reichen Leidens- und Liebesgeschichte des polnischen „Grafen" Strapinski, den man mit gutem Grunde einen „verwunschenen" Schneider nennen könnte, liegt ein wirklicher Vorfall zugrunde, der sich, wie die Lokalchronik von Winterthur berichtet, in dem reichen Wädenswill am Züricher See abgespielt hat. Gottfried Keller hat diese Quelle offenbar gekannt und auch daraus geschöpft. Unter Kellers Feder gestaltet sich das an und für sich nicht aufregende oder bedeutsame Vorkommnis knapp, sprühend lebendig und künstlerisch fein abgetönt. Handlung und Personen vertiefen sich zu einem reich belebten Kultur- und Sittengemälde in lokalem Rahmen. Nirgends ein Fehlstrich, eine Plattheit oder Disharmonie, nirgends ein Abgleiten.

Die vorliegende Novelle wird zu den besten in unserer nicht gerade an Humor reichen Literatur gezählt.

2.2   Inhaltsangabe[12]

An einem kalten Novembertage wandert der Schneidergeselle
Wenzel Strapinski in Schnee und Regen auf der Landstraße
nach Goldach. Er hat wegen Bankrotts seines Meisters die
Stelle verloren, ist arm, arbeitslos und hungrig, aber er sieht
aus wie ein feiner Herr mit seinen langen schwarzen Haaren,
dem gepflegten Schnurrbärtchen, den regelmäßigen und blas-
sen Gesichtszügen. Über dem schwarzen Sonntagsrock trägt
er einen weiten dunkelgrauen Radmantel mit schwarzem
Sammetbesatz und eine polnische Pelzmütze. Unterwegs begegnet ihm der Kutscher eines Grafen, der einen neuen prunk-
vollen Reisewagen von Basel heimführt. Mitleidig lädt er den
müde dahin stapfenden Wanderer ein, im Inneren des Wa-
gens Platz zu nehmen, damit er vor dem stärker werdenden
Unwetter geschützt sei. (Seite 4; Zeile 11) So gelangen sie vor
das Tor des ersten Gasthofes in Goldach. Die vornehme Kutsche verwirrt dem sonst so pfiffigen Wirt nebst Hausgeistern
Augen und Sinne. Sie glauben, hinter dem fremdartig Geklei-
deten verberge sich ein vornehmer Ausländer, und darin be-
stärkt sie noch der schalkhafte Kutscher vor seiner Weiter-
fahrt, indem er vorgibt, der Fremde sei ein polnischer Graf
Strapinski. Wirt und Angestellte überschütten das arme
Schneiderlein, das – aller Mittel bar – sich am liebsten auf und
davon gemacht hätte, mit einer Flut von Aufmerksamkeiten.
Das Beste, was Küche und Keller aufweisen, wird ihm ge-
reicht, um nur dem einsilbigen und schwermütigen Gast zu
gefallen und den Ruf des Gasthofes zu neuen Ehren zu bringen.
Strapinski, von Hunger gepeinigt, langt – anfangs bescheiden,
später durch den Wein ermutigt – tüchtig zu. (10; 24)

---

12 Zitiert wird nach der Ausgabe des Reclam-Verlags (RUB 7470). Die erste Ziffer der Zitatangaben
    bezieht sich auf die Seite, die zweite auf die Zeile.

Und nun erscheinen die Abendgäste, die Honoratioren des Ortes, und wundern sich über den seltsamen Neuankömmling. Sie umstreichen ihn wie neugierige Kleinstädter, schließen alsbald seine Bekanntschaft, wetteifern um seine Gunst und zechen und spielen mit ihm. Dabei wird ihr anfängliches Misstrauen durch die gemessene Zurückhaltung und den natürlichen Takt des so unvermutet zu Ehren gekommenen Schneiders immer mehr überwunden, ausgenommen nur den vorsichtigen Buchhalter Melchior Böhni. Zufällig kommt das Gespräch auf Pferde, und hier kann der wackere, arg bedrängte Schneidergesell all seine Kenntnisse und Erfahrungen anbringen, die er sich während seiner Dienstzeit als Husar und Offiziersbursche angeeignet hat. Nicht ungern folgt er schließlich der Einladung der Herren zu einem Wagenausflug auf das benachbarte Gut des gastfreundlichen und allzeit fröhlichen Amtsrats. Hier gewinnt er die Liebe der einzigen, sonst recht wählerischen Tochter, des hübschen Nettchens. (18; 33) Seine völlige Mittellosigkeit findet hier ein Ende, denn das Sprichwort „Glück in der Liebe, Pech im Spiel" hat offenbar für ihn keine Geltung: Im Kartenspiel gewinnt er am Ende mehrere unschätzbare Goldstücke. Wie schon vorher im Gasthof will er sich nun heimlich entfernen. Ihn bedrückt die geheimnisvolle, von außen aufgenötigte Rolle des vornehmen Polen, und er möchte zugleich ehrlich die ohne sein Zutun aufgelaufene Zeche bei dem liebenswürdig aufdringlichen Wirt begleichen. Bei solchem Bemühen jedoch läuft er dem Amtsrat und Nettchen in die Arme, muss umkehren und seine Rolle weiterspielen. (26; 19)

Nachdem er am nächsten Morgen einen Gang durch das Städtchen beendet hat, versucht er von Neuem zu entweichen, voller Sorge, als Hochstapler, Zechpreller und Betrüger jeden Augenblick entlarvt zu werden. Indessen wendet das Geschick sich wiederum gegen ihn, indem er unverhofft dem schönen Nettchen begegnet. Die Liebe zur Tochter des Amtsrats hat ihn so gepackt, dass er sich nun willenlos treiben lässt. Dabei hat er nicht mit Melchior Böhni gerechnet, einem geborenen Zweifler, der sich um Nettchen bemüht, von ihr abgewiesen worden ist und nun im Hintergrund seine Fäden spinnt, den Nebenbuhler zu entlarven und die Ersehnte auf diesem Umwege vielleicht doch noch zu gewinnen.

Zunehmend wächst Strapinski in die ihm aufgedrängte Rolle eines polnischen Grafen hinein, als flotter Reiter und gesuchter Gesellschafter. Er spielt glücklich in verschiedenen Lotterien und kann dadurch seine Stellung in dem aufgewirbelten Städtchen untermauern ohne zu ahnen, dass sich ein Unwetter zusammenbraut. Nun kann er nicht mehr zurück, und der letzte, kaum je wirklich gewollte Versuch zu entfliehen endet mit einer Verlobung. Der Amtsrat gibt, leise grollend, doch in gutem Glauben, seinen Segen zu der Verbindung mit seiner Einzigen. In wenigen Tagen schon soll die Verlobungsfeier sein; sie verschlingt die eine Hälfte der Barmittel des glücklichen Bräutigams, während die Verlobungsgeschenke die andere in ein Nichts verwandeln. (31; 10)

Die aufregenden Neuigkeiten verbreiten sich schnell in der ganzen Umgegend und erreichen auch alsbald Seldwyla, wo inzwischen Melchior Böhni seine Untersuchungen über „den Grafen wider Willen" erfolgreich abgeschlossen und den wundersamen Bräutigam als simplen Ritter der Nadel und Schere entlarvt hat. Leicht gelingt es ihm, die sensationshungrigen Seldwyler zu veranlassen, am vorgesehenen Verlobungstage eine Schlittenpartie in das genau zwischen Seldwyla und Goldach gelegene Gasthaus zu unternehmen, in dem die pomphafte Feier stattfinden soll. Es ist gerade Faschingszeit, und so hat er einen wirkungsvollen Plan zur Entlarvung ausgeheckt und ihn ebenso erfolgreich eingefädelt. Als die Goldacher nämlich mit ihren Schlitten vor dem Gasthause auffahren, kommen von der anderen Seite die Seldwyler in Schneidermasken und aufgeputzten Schlitten, die mit anzüglichen Symbolen des ehrsamen Schneiderhandwerks verziert sind. (34; 6) Sie dringen schließlich in den Saal, führen ein Schneiderspiel auf, lassen den Schneidergrafen auftreten, und Wenzels früherer Meister begrüßt zunftgerecht seinen früheren Gesellen. Bei lustig übermütigem Mummenschanz findet so die peinliche Entlarvung Strapinskis statt. (37;16) Innerlich zutiefst verwundet, verlässt der Unglückliche die überraschte Gesellschaft und irrt plan- und ziellos ins Freie hinaus, ein Geächteter und Gezeichneter. Im Davonstürzen hört er hinter sich das Schellengeläut und laute Johlen der heimkehrenden Seldwyler. Um nicht erneuten Schmähungen ausgesetzt zu werden, springt er mit verzweifelter Kraft in den schützenden Wald, wo er völlig erschöpft im Schnee liegen bleibt. (40;30)

Nettchen ist anfangs, jeglicher Bewegung unfähig, zurückgeblieben. Die Tröstungen mitleidiger Freundinnen wehrt sie ab. Plötzlich erhebt sie sich entschlossen, lässt ihren Schlitten anspannen und fährt – einer Eingebung folgend – eilig die Straße in Richtung Seldwyla. Den dienstfertigen Melchior Böhni, auf dessen Eifersucht ja im Grunde der ganze Skandal zurückgeht, ignoriert sie dabei völlig. Auf ihrer verzweifelten Suche findet sie am Waldrande den halberfrorenen Strapinski. (43;15) Sie bemüht sich um ihn und kann ihn nach kurzer Zeit wieder auf die Beine stellen. Bei der Pächterin des nahen väterlichen Bauernhofes schlüpfen beide zu kurzer Rast unter, und nach einer kleinen Erquickung sind Wenzels Lebensgeister vollends wieder zurückgekehrt. (46; 5)

Unter Tränen und in innerer Erschütterung enthüllt er jetzt Nettchen sein schlichtes und biederes, wenn auch in mancher

Hinsicht buntes und etwas absonderliches Leben. Nettchen erkennt den guten Kern seines Wesens und ist fest entschlossen, allen Hindernissen zum Trotz Leben und Zukunft mit Wenzel zu teilen.

Das bislang so verwöhnte und launenhafte Mädchen ist wie umgewandelt und rafft alle Fäden straff in ihrer Hand zusammen. (52; 21) Sie kündigt an, nicht etwa gemeinsam in die blaue Ferne zu schweifen, sondern in Seldwyla eine Existenz aufzubauen, um durch Tätigkeit und Klugheit die Menschen dort zu beschämen. Als das glücklich vereinte junge Paar in Seldwyla ankommt, läuft dort gleich das Gerücht um von einer Entführung. Man wartet begierig auf eine Sensation. Inzwischen hat Melchior Böhni den Vater in Goldach alarmiert, und beide eilen zusammen nach Seldwyla, Böhni in der geheimen Hoffnung, nunmehr der Hand des Amtsratstöchterchens sicher zu sein. Alle Vorstellungen vermögen den festen Entschluss Nettchens nicht ins Wanken zu bringen. Sie pocht auf ihre Mündigkeit und wünscht die ihr gesetzlich zustehenden Rechte im Sinne ihres Herzenshandelns auszunutzen. Ein weltkluger erfahrener Rechtsanwalt überzeugt schließlich den Amtsrat von der ehrenhaften Gesinnung und makellosen Vergangenheit Strapinskis (56; 28), so dass der Vater nunmehr dem Vorhaben der Tochter zustimmt. Die Hochzeit wird unter lebhafter Anteilnahme der Seldwyler gefeiert. Sie haben die sich förmlich jagenden Ereignisse mit Spannung verfolgt und sind nun ganz auf Seiten der glücklich Vereinten. Strapinski gründet mit seiner liebreizenden, energischen jungen Frau sein Heim in Seldwyla, findet als Tuchherr regen Zuspruch und wird in kurzer Zeit ein ebenso geachteter wie gemachter Geschäftsmann. Aber – nach zehn oder zwölf Jahren – siedelt er mit ebenso vielen Kindern nach Goldach über. In Seldwyla lässt er keinen Pfennig zurück.

2.3 Aufbau

Mit 61 Seiten hat die Novelle einen mittleren Umfang. Sie ist nicht in ‚Kapitel' unterteilt, gleichwohl lässt sie sich in Einzelepisoden zerlegen. Zwei Handlungsstränge greifen in dieser Novelle ineinander: die Verwirrungen um den vermeintlichen Grafen bis zu deren Auflösung und die Liebesgeschichte Strapinskis und Nettchens. Beide haben einen zeitversetzten Anfang und werden auch zu einem zeitversetzten Schluss geführt: Verwirrung – Auflösung (Episoden 1–19); Liebesgeschichte (Episoden 10–26). Diese beiden Episoden bilden einen doppelten Spannungsbogen.

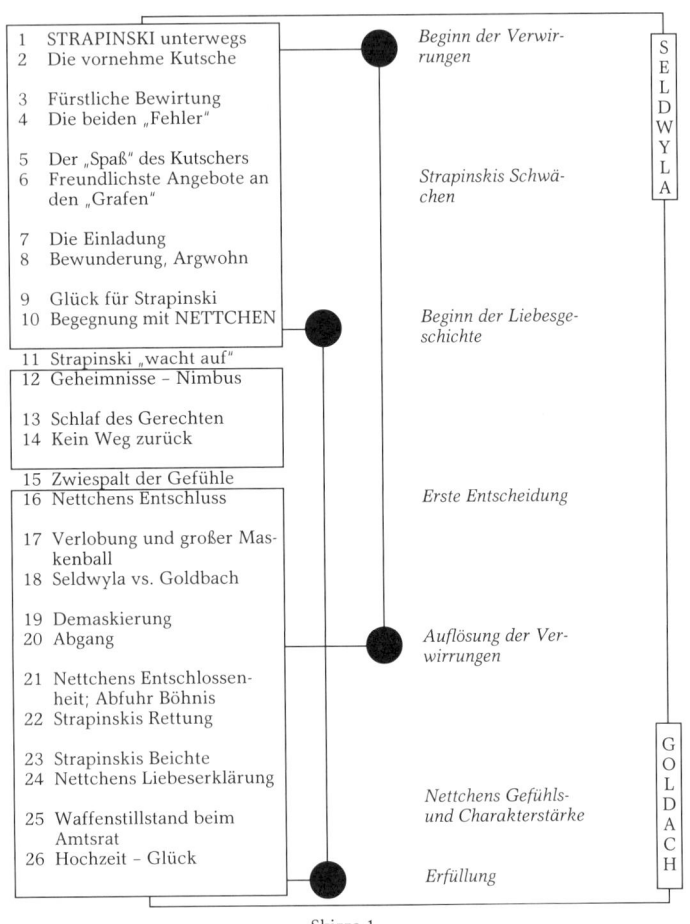

Skizze 1
Episodenfolge – Aufbau der Novelle

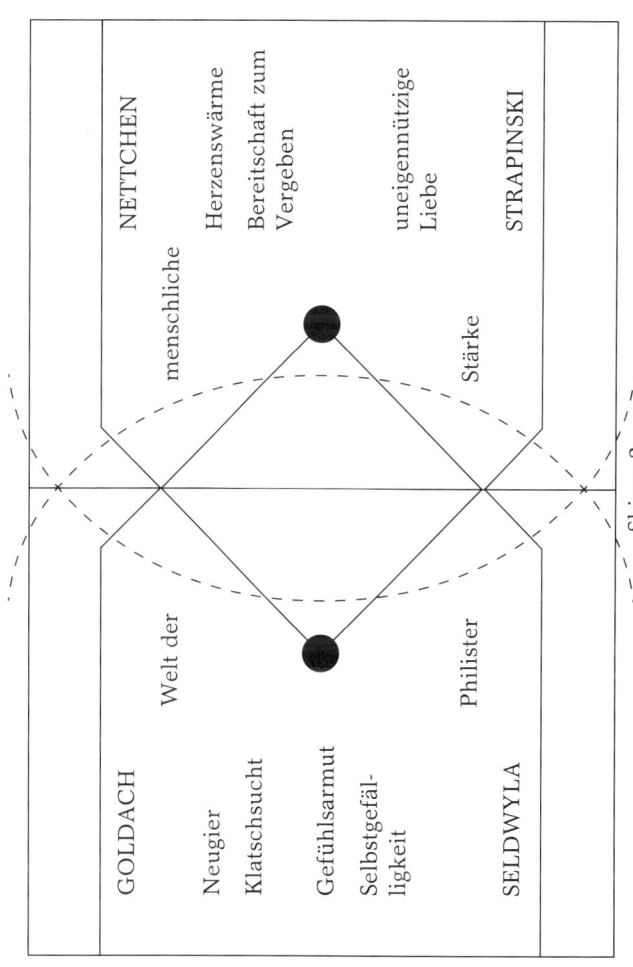

GOLDACH

NETTCHEN

Neugier
Klatschsucht

Gefühlsarmut
Selbstgefäl-
ligkeit

menschliche

Herzenswärme
Bereitschaft zum
Vergeben

Welt der

Philister

uneigennützige
Liebe

Stärke

SELDWYLA

STRAPINSKI

Skizze 2
Kontraste – Personengruppen

2.4 Personenkonstellation und Charakteristiken

Gottfried Keller kann mit einigem Recht der „Shakespeare der Novelle" genannt werden. Ein solches Urteil gründet sich auf das sichere Einfühlungsvermögen Kellers in die tiefen und ureigenen seelischen Bereiche des Menschen, auf seine feine Intuition, seinen außerordentlichen psychologischen Spürsinn, zu künstlerischer Meisterschaft erhoben und gestaltet. Nicht zuletzt aus solchen Zusammenhängen ist seine Seelenbeichte *Der grüne Heinrich* zu d e m ‚Bildungsroman' der Deutschen geworden.[13] Überhaupt durchzieht fast alle seine Erzählungen ein bemerkenswerter pädagogischer Grundton. Erzieherisches Hauptmittel ist ihm dabei der Humor als natürlich befreiende Grundstimmung, hinter der sich freilich ein tiefer Ernst verbirgt.[14]

Gerade dadurch erweist sich Keller als ein begnadeter Humorist, und mit dem besonderen Auge eines solchen sieht er die Menschen, ihr Wesen und ihr Wandeln und gestaltet sie mit jener Eigenwüchsigkeit des Ausdrucks, die nach Goethe „Anfang und Ende aller Kunst" ist.

So erfasst er auch sicher und kühn die geruhsamen und kleinlichen, hoffärtigen und zuweilen recht beschränkten **Seldwyler und Goldacher**. Gleich zu Beginn der Geschichte erleben wir ihre brennende Neugier und Klatschsucht, ihr äußerlich blendendes Getue, hinter dem sie ihre Selbstgefälligkeit zu verbergen suchen, ihre berechnende äußere Liebenswürdigkeit auf dem Hintergrunde einer bis zur Herzensroheit

---

13 Der Bildungsroman schlechthin ist Goethes *Wilhelm Meister*. „Variante des Entwicklungsromans, deren Held in der Berührung mit kulturgeprägter Umwelt durch Lernen Erfahren seine geistig-seelischen Anlagen zu einem charaktervollen, harmonischen Ganzen ausbildet ..." – Vgl. Otto F. Best, *Handbuch literarischer Fachbegriffe. Definitionen und Beispiele*, S. 37 f.

14 Auf die vielen ausführlichen Darstellungen zu G. Kellers Humor kann in der angegebenen Literatur nur andeutend hingewiesen werden. Eine anregende Darstellung findet sich bei W. Preisendanz, *Humor als dichterische Einbildungskraft*.

gehenden Gemütsarmut. In dieser Hinsicht stimmen die Honoratioren der beiden sonst miteinander rivalisierenden Orte in köstlicher Fülle und Mannigfaltigkeit bis ins Kleinste überein.

Rechte Vertreter dieser Gattung sind Leute von Schlage der **Plüschli, Nievergelt** und **Häberlein**, engherzig, engbegrenzt und großmannssüchtig; ohne es zu merken und zu wollen, tragen sie auf ihrem nicht allzu klugen Schädel eine Narrenkappe, sind echte Philister-Urtypen und besonders auffallende Tröpfe, die tagaus, tagein das gleiche Schema durchlaufen. Nur um ein Weniges überragt sie an Geist und Lebensstil der ebenfalls inzwischen weitgehend versimpelte, fröhlich-

> Die *Seldwyler* und *Goldacher* –
> Menschen mit menschlichen
> Fehlern und Schwächen:
> – neugierig und schwatzhaft
> – aalglatt und berechnend
> – neidisch und missgünstig
> – simpel und philisterhaft
> – intrigant und misstrauisch
> – ehrgeizig und eilfertig
> – sensationslüstern und
> gedankenlos
> – selbstgefällig und ehrerbietig

gastgeberische, aber eitle, auf Ehren und die damit verknüpften Vorteile bedachte Lebensgenießer, **der Herr Amtsrat**. Er ist früh verwitwet und deshalb vielleicht auch früh in die flache Kleinstadtgeselligkeit abgeglitten. Er ist der Besitzer eines wohlhabenden Hauses, eines Weinberges und Bauernhofes; seine einzige Tochter Nettchen, eine der beiden Hauptpersonen, wird uns noch ausführlich beschäftigen. Während er in Ansätzen manche gewinnende Züge aufweist, suchen wir sie an dem Buchhalter **Melchior Böhni** vergeblich. Er ist stets misstrauisch, wittert überall für sich Unheil und ist ein hoffnungsloser, zugleich intriganter Skeptiker. Das wirkt sich auch auf seine Herzensangelegenheiten aus. Mit verstandesgemäßer Nüchternheit wägt er seine Ehepläne ab, berechnet kaltherzig die Vorteile einer Verbindung mit Nettchen, der Tochter des wohlhabenden und angesehenen Amtsrats, und es entsteht daraus der peinliche Eindruck, als wenn für ihn die eheliche Verbindung lediglich den Reiz eines mehr oder minder guten Geschäfts habe. Eifersüchtig, schlau und heimtückisch beschnüffelt er seinen Nebenbuhler, wirft umsichtig seine Netze aus in der Hoffnung, so endlich ans Ziel zu gelangen, kaltherzig im Planen, schlau in der Durchführung, aber beschränkt an Einsicht, Menschenkenntnis und Weltläufigkeit.

Regelmäßiger Treffpunkt der Goldacher Honoratioren ist das Gasthaus zur Waage, dessen **Wirt** damit eine besondere Stellung einnimmt. Seine Auffassung von der Wirksamkeit eines in diesem Rahmen bevorzugten Gastronomen ist einmal bestimmt durch die Wesensart seiner Stammgäste, doch nicht minder durch seinen eigenen Charakter. Nach außen möchte er geschniegelt und gebügelt erscheinen, ängstlich und ehrgeizig bedacht auf den Ruf seines Hauses als des ersten der kleinen Stadt, das er nicht genug rühmen kann. Voller Schläue ist er auf seinen Vorteil bedacht und nur deswegen höflich und ehrerbietig. Echte, edlere Regungen werden an ihm nicht bemerkt. Voller Misstrauen überwacht er seine Angestellten, und bis zum Beweis des Gegenteils bezweifelt er ihre Ehrlichkeit; er ist eine Radfahrernatur, die nach unten tritt und nach oben buckelt, hier mit dem Wirt in Lessings *Minna von Barnhelm* vergleichbar. Im Grunde ist er naiv und ein schlechter Menschenkenner, seine Gäste schätzt er nach gewissen Äußerlichkeiten ein, und wirkliche Hochstapler würden es bei ihm leicht haben. Darin passt er so recht zu den Seldwylern und Goldachern, denen alles Fremde und Ungewöhnliche Interesse, schließlich Hochachtung und vielleicht sogar Ehrfurcht abnötigt; ein bloßer Titel macht sie – wie Mephisto es ausdrücken würde (Faust I, Vers 2029) – oft schon „vertraulich". Als wirklicher Kenner von Speis und Trank sorgt der

Wirt mit sicherem Bedacht für seine Gäste, vor allem für seine Stammkunden, und zwar um so wirkungsvoller, als er selber ein verwöhnter Genießer ist und gern Teil hat an den Köstlichkeiten in Küche und Keller. – Und „wie der Herr, so's Geschirr", voran die resolute und doch wieder so fügsame, krankhaft neugierige und einfältige Köchin, ferner der aalglatte Kellner, der dienstwillige Hausknecht, alles Herdenmenschen ohne jeden Schliff. Äußerer Aufputz bedeutet ihnen alles, gedankenlos folgen sie der öffentlichen Meinung und sind wie ein schwankendes Rohr im Winde.

Während alle diese Gestalten nur mit wenigen Strichen und zum Teil lediglich im Rahmen des Milieus gezeichnet werden, ist das Bild der beiden Hauptpersonen, **Wenzel Strapinski** und **Nettchen**, liebevoll bis in zahlreiche Einzelheiten gestaltet. Wenzel stammt aus Oberschlesien und ist ein Grenzpole. Sein Vater, ein armer Schulmeister, starb schon früh, und für seine Entwicklung wurde die Mutter bestimmend. Bevor sie heiratete, stand sie in Diensten einer Gutsherrschaft, die mit ihr viel auf Reisen war und ihr die große Welt zeigte. So bemühte sie sich auch später um eine feinere Art und fiel damit aus ihrer Umgebung, den anderen Weibern des Dorfes, heraus. Ihre Eitelkeit fand vor allem in der eigenen Kleidung und in der ihres einzigen Kindes einen Ausdruck. In ihrer großen Armut sollten eben Aufputz und äußeres Gehabe einen Ersatz bieten für das erträumte und herbeigesehnte große Glück. Diese Einstellung färbt auf ihren Sohn ab. Seine Fantasie und sein Hang zum Ungewöhnlichen werden noch dadurch entfacht, dass die inzwischen verwitwete Gutsherrin den gutmütigen und gutwilligen 16-jährigen Jungen mit sich in die Stadt nehmen und etwas „Feines lernen lassen" will. Alle Vorkehrungen dazu sind bereits getroffen, da zuckt die Mutter plötzlich zurück, ihre große Liebe vermag die Trennung nicht zu überwinden. Und nun bleibt Wenzel eigentlich nur als einziger Weg, mit innerem Widerstreben zum Dorfschneider in die Lehre zu gehen. Schließlich ruft ihn der Militärdienst fort, er wird zu den Husaren gesteckt und meint später treuherzig von sich selbst, er sei „wohl der Dümmste im Regiment, jedenfalls der Stillste"

Strapinski – einst „der Dümmste und der Stillste im Regiment", nun ein hofierter „Graf "

gewesen. Die prächtige Uniform mag seinen Wünschen entgegenkommen, die Vertrautheit mit Pferden soll ihn auf seinem späteren Lebensweg noch in ein besonderes Licht rücken, und die Zeit als Offiziersbursche führt ihn, ähnlich wie einst die Mutter bei der Gutsherrin, in die große Welt und ihre Formen ein. Als er nach einem Jahr die Heimat wiedersieht, ist seine Mutter eben gestorben. Nach Ableistung des Militärdienstes wandert er als Schneider in die Welt, ein gutherziger und ehrlicher Bursche, ein wenig naiv, aber auf seine Art treu und tüchtig, bescheiden und sparsam. Vorbild und Entwicklung, seine zierliche und ebenmäßige Gestalt und nicht zuletzt sein Beruf lassen ihn viel Gewicht auf Gewandung und äußere Vornehmheit legen, was einem zünftigen Handwerksgesellen nicht eben die vorgezeichnete Wanderung zu erleichtern vermag, versetzt es ihn – der im Grunde ehrlich und ehrenhaft ist – doch in einen schreienden Widerspruch zu seiner eigentlichen Lage. Das tritt besonders in Erscheinung, nachdem die plötzliche Zahlungsunfähigkeit seines leichtfertigen Seldwyler Meisters ihn brot- und arbeitslos hat werden lassen. In argem Unwetter wandert er ausgehungert und völlig mittellos die Straße entlang, um anderswo sein Heil zu suchen. Sein unverdientes Geschick macht ihn schwermütig, wortkarg und verschlossen und bringt ihn so, als er durch Zufall in der neuen gräflichen Kutsche in Goldach landet, in den Geruch eines wegen widriger politischer Zwänge heimatflüchtigen, vornehmen Abenteurers. Ganz wider Willen rückt er urplötzlich in den Mittelpunkt des Interesses jener sensationslüsternen Kleinstädter. Seine natürliche ritterliche Verhaltensweise, seine geflissentliche Zurückhaltung begünstigen und vermehren noch das Geheimnisvolle, mit dem die Goldacher ihn umgeben und schließlich einspinnen.

Vergeblich sträubt sich seine grundehrliche Natur gegen dieses förmlich gewaltsam aufgedrängte Scheinwesen. Nichts liegt ihm ferner, als andere täuschen zu wollen, er ist weder ein Zechpreller noch ein Hochstapler. Trotz aller Gegenwehr wird er immer tiefer in die bedenkliche Heldenrolle hineingedrängt und fühlt sich dabei höchst unglücklich; denn er hat ein starkes Rechtsempfinden und Gewissen. Aber ihm fehlen Mut und Energie, den ihn umwerbenden und verstrickenden Kleinstädtern die Augen zu öffnen und ihnen aus heiterem Himmel die volle Wahrheit zu enthüllen. Verschüchtert und voller Scham versäumt er immer wieder den rechten Augenblick. Auch fürchtet er die lieblose Engherzigkeit der Goldacher, die Schmach und den Hohn, die einem offenen Geständnis folgen müssen.

In dieser begreiflichen Scheu liegt, wenn wir den Schneider überhaupt verurteilen wollen, seine Mitschuld an dem ganzen Verhängnis. Wie Naturmenschen wohl das Walten des Schicksals gelassen hinnehmen, weil es sich scheinbar nicht lohnt, dagegen anzukämpfen, so findet sich auch dieser zwar gutherzige, doch bis zu einem gewissen Grade beschränkte Mensch mit seiner neuen Mittelpunktrolle ab. Am Ende bringt ihn das schöne Nettchen mit ihrer Zuneigung völlig durcheinander. In der Folge durchschaut er nicht allein die Schwächen der Kleinstädter, sondern beginnt sogar, in schneller Anpassungsfähigkeit mit ihnen zu spielen. Seine Eitelkeit wächst in dem Grade, wie er bemerkt, dass er Anerkennung gefunden hat und Ansehen genießt. In jähem Glückaufstieg wird er der Held des Tages und gar der Verlobte der umworbenen, verwöhnten und romantischen Amtsratstochter. Jäher noch als der Aufstieg wird sein Fall. Als Betrüger fühlt er sich entlarvt und verzweifelt schier an sich selbst und der Welt. Seine Geradheit und Gemütstiefe führen nunmehr aber zu einer echten Verbindung mit dem einzigen anderen charaktervollen Menschen. Bald steht er mit beiden Beinen und klaren Sinnen wieder fest in der Wirklichkeit, ganz gemäß Nettchens Weckruf: „Keine Romane mehr!" Unternehmungsgeist und Zuverlässigkeit krönen dann auch ihren gemeinsamen Aufstieg und Erfolg. Lange vor dem eigentlichen Abend ihres Lebens lässt sich Strapinski mit seiner Familie in Goldach nieder und hat jenes Ziel verwirklicht, das Nettchen nach dem tiefen Fall ihrer Verbindung mit Wenzel gesetzt hat: die Seldwyler, die sie so bitter verhöhnt hatten, durch „Tätigkeit und Klugheit" von sich abhängig zu machen.

Keine Gestalt der Erzählung hat eine so weitgespannte und überraschende Wandlung zu verzeichnen wie **Nettchen**. Als einziges Kind des Amtsrats, früh mutterlos, ist sie ohne geregelte Erziehung und straffe Zucht aufgewachsen. Eitel und stolz, früh verhätschelt, ist vieles an ihr unreif und ungeklärt; „Schon als Schulkind behauptete sie fortwährend, nur einen Italiener oder Polen, einen großen Pianisten oder einen Räuberhauptmann mit schönen Locken heiraten zu wollen" (S. 30). In solchen romantischen Zukunftsplänen verfangen, verläuft ihr äußeres Dasein verspielt, alle Wünsche und selbst Launen sieht sie erfüllt. Der Vater – in seine Einzige vernarrt und damit ihr gegenüber wehrlos – verfolgt in der Erziehung keinerlei Linie. Vorübergehend mag Nettchen auf ihre Umgebung völlig unausstehlich gewirkt haben mit ihrer Unberechenbarkeit, ihrem Hang zum Äußeren und ihrer zuweilen albernen Launenhaftigkeit und Verspieltheit. Und nicht anders ihre ersten Begegnungen mit Wenzel bis hin zu dem angeberisch und damit ganz „stilgerecht" aufgezogenen Verlobungsfest. Die fast unwirkliche Wende in Nettchens Leben und Wesensart bilden dann die Augenblicke stummen Entsetzens und völliger Fassungslosigkeit nach der hämischen Entlarvung des Verlobten, die wie ein Faustschlag des Schicksals auf sie niedersaust. Indessen, auch für sie gilt: Was mich nicht umwirft, macht mich stärker. Gestählt und völlig umgewandelt geht sie aus dieser ersten großen Prüfung hervor. Gerade in diesem Ohnmachtszustand, der scheinbaren Starrheit, dämmert ihr die Erkenntnis von echtem und erkämpften Glück. Es ist, als hätte sich plötzlich ein Vorhang aufgetan, und wie die Nebel der aufgehenden Sonne weichen, so verblassen alle Träumereien und Fantasiegebilde. Nachdem sie Wenzel energisch und umsichtig zu neuem Leben erweckt hat, durchleuchtet sie mit fast seherischer Schärfe alle Winkel seines bisherigen Daseins und eigentlichen Charakters. Darauf packt sie auch hier entschlossen zu und gibt zugleich die neue gemeinsame Wegrichtung an. Mit Urgewalt ist der Kern des Lebens bei ihr zum Durchbruch gelangt. Damit verhilft sie den Ihren, voran Wenzel und dann der schnell wachsenden Familie, zu wirklich dauerhaftem Glück. Schicksal und Leben haben sie geformt und umgeformt, als wahren Adel hat sie den Adel der Seele erkannt und dass nicht Kleider Leute machen, sondern Herzenslauterkeit, Treue gegen sich und andere, Tüchtigkeit und ehrliches Mühen und Streben.

> Nettchen – verwöhnt und kapriziös, doch ehrlich, energisch und charakterfest

Den geeigneten Wegbereiter zu diesem vorübergehend fernen und scheinbar ganz und gar versperrten guten Ende findet

Nettchen in dem klugen, besonnenen und menschenkundigen **Rechtsanwalt**, der zu ihrem und Wenzels beredten und erfolgreichen Fürsprecher wird und die verschlungenen Fäden glücklich entwirrt. Ob freilich ein Anklagevertreter in gleicher Weise Wenzel völlig freigesprochen haben würde, weil ihm „der Rang von anderen gewaltsam verliehen wurde" (S. 57) und er nie anders als „mit seinem wirklichen Namen" (ebd.) unterzeichnet habe und weil – nach Auffassung des Rechtsanwalts – „kein anderes Vergehen vorlag, als dass er eine törichte Gastfreundschaft genossen" (ebd.), – diese Entscheidung wäre doch abschließend einem zeitgenössischen vorurteilslosen Juristen zu überlassen. Kein Leser freilich wäre dann wohl weit und breit anzutreffen, der nicht in seiner Rolle als Schöffe freudig und bereitwillig für „mildernde Umstände" plädieren möchte.

Verwirrt hat zu Anfang der Geschichte **der gräfliche Kutscher** die Fäden, im Gegensatz zum Rechtsanwalt ein rechter Vertreter der Unterschicht. Zu dieser passt seine Ursprünglichkeit. Ein echter Schalk, entfaltet er einen gesunden Menschenverstand, gepaart mit angeborener Menschenliebe. Die Folgen seines Schelmenstreichs konnte er gewiss nicht vorausahnen, ebenso wenig lagen sie in seiner ursprünglichen Absicht.

2.5 Sachliche und sprachliche Erläuterungen

Falliment (S. 3):	lat.: Zahlungseinstellung (17. Jh.).
Habitus (S. 3):	lat.: Haltung, Äußeres, Erscheinung.
polnische Pelzmütze (S. 3):	oder Konfederatka: eine pelzverbrämte Mütze mit viereckigem Deckel.
Radmantel (S. 3):	kreisförmiger Überwurf.
romantisch (S. 3):	frz.: abenteuerlich, schwärmerisch (17. Jh.).
Märtyrer (S. 4):	griech.: Blutzeuge (der jungen christl. Kirche)
Sammet (S. 4):	altertümlich für: Samt.
Schlag (S. 4):	Wagenschlag: Wagentür.
Abendherren (S. 5):	die Stammgäste der abendlichen Runde in der „Waage".
enthülsen (S. 5):	der Hülse (hier: Hülle, „Schale", gemeint ist der „prächtige" Wagen) berauben.
lamentieren (S. 5):	lat.: jammern, wehklagen (16. Jh.).
Schnepfe (S. 6):	regenpfeiferartiger Vogel, oft Strichvogel, von Feinschmeckern besonders geschätzt.
eine gewisse Bequemlichkeit (S. 7):	euphemistische Umschreibung der Toilette.
Konfekt (S. 7):	lat.: confectum = Zuckergebäck (19. Jh.).
Blödigkeit (S. 9):	hier: scheu, zaghaft, sonst meist dumm, beschränkt, schwachsinnig.

Tischwein ... guten *Bordeaux* (S. 9):	im Unterschied zum einfachen Tischwein lokaler Herkunft – Seldwyla ist ja Weinbaugebiet laut Kellers Vorrede zum Zyklus – ist der Bordeaux ein höherwertiger, teurerer Rotwein aus der Gegend um Bordeaux in Südfrankreich.
Dukaten (S. 9):	eine in Deutschland (bis 1857), Holland, Russland und Österreich ehemals gebräuchliche Goldmünze im Werte von etwa 5 Euro. Sie kam zuerst um 1100 vor und wurde nach dem Familiennamen der byzantinischen Kaiser Konstantin und Michael Dukas benannt; nach anderen soll dieses Geldstück zum ersten Male von dem Herzog (ital. duca) von Apulien im Jahre 1140 geprägt worden sein.
Ränzchen (S. 10):	hier: Magen.
Trüffeln (S. 10):	ndd. truffel, ital. tartufolo: Knollengewächs; ein essbarer Erdschwamm, der in Eichen- und Buchenwäldern häufig vorkommt.
Eulenspiegel (S. 11):	ein Schalknarr aus dem Braunschweigischen, der durch vielerlei nur erdenkliche Schwänke und Streiche („Eulenspiegeleien") volkstümlich geworden ist; er soll 1350 in Mölln (Holstein) gestor-

	ben sein, wo sich heute noch sein Grab und Leichenstein nahe der Kirche befinden.
Graf Strapinski (S. 11):	Der Name des Helden ist wohl von Keller frei erfunden, doch sind ähnliche Namen (Graf Stroynowski, Saminski) im Zusammenhang der Polenereignisse 1863/64 historisch überliefert. Der Begriff Hochstapler leitet sich von rotw. Stabler (vgl.: Wander-Stab) ab. Vgl. auch rotw. Stappeln: wiederholt unterbrochenes Gehen.
Kapitelsherr (S. 11):	Kapitular: Bezeichnung des einem Domkapitel, Kloster oder Stift zugehörigen Geistlichen, auch wohl allgem.: hoher Geistlicher.
Bocksbeutel (S. 12):	kurze, breitgedrückte, bauchige Weinflasche.
des Hauses Häberlin u. Cie (S. 12):	hinter der Handelsgesellschaft H. u. Companie (Kompanie, Company) verbirgt sich ein weit ausladendes Unternehmen mit bekanntem Namen.
Kerbholz (S. 12):	ein ehedem sozusagen als Schuldbuch dienendes Holz, worauf man durch Einschnitte (Kerben) die Schulden (meist Zechschulden) einer Person anmerkte; abgeleitet vom altfries. kerfa, engl. carve = ritzen, schneiden.

Stadtschreiber (S. 12):	Leiter der städtischen Kanzlei.
Tokaier (S. 12):	feuriger Ungarwein, benannt nach dem an der Theiß gelegenen Marktflecken Tokaj, vom Weingebiet Hegyalja stammend; man zählt allein vierzig verschiedene Sorten Tokaier.
Polacke (S. 13):	ein Pole, Strapinski stammt aus Oberschlesien, dessen Bevölkerung eine aus deutschen und polnischen Sprachelementen gebildete Mischsprache, das sog. Wasserpolakisch, sprach; Polackei: Grenzpolen, auch wohl volkstümlich: ein weltentlegenes, rückständiges Land.
Stegreif (S. 13):	aus dem S.: augenblicklich, ohne besondere Vorbereitung, wie ein Reiter, der – ohne abzusitzen – eine Sache erledigt.
Stockzähne (S. 13):	auf den S. lächelnd: krampfhaft, unter Verzerrung des Gesichts.
Smyrna (S. 13):	bedeutender Handels- und Stapelplatz an der Westküste Kleinasiens; unter den Bewohnern befanden sich viele Europäer.
Kompagnon (S. 13):	frz.: Geschäftsteilhaber (16. Jh.).
Kuba (S. 13):	die größte und fruchtbarste Antilleninsel mit der Hauptstadt Havanna. Wichtigste Ausfuhrartikel Tabak und Tabakwaren, besonders Zigarren.

Pflanzerzigarre (S. 14):	(vgl. Kuba) erlesene Spitzenmarke, von den Pflanzern als Kenner für den eigenen Konsum entwickelt.
Prokurist (S. 14):	ital.: kaufmännischer Angestellter mit dem Rechte der Vollmacht (19. Jh.).
Sauser (S. 14):	der rote S.: frisch gegorener Wein.
Eisenschimmel (S. 14):	eisengraues Pferd.
Zigarrenbengel (S. 14):	ungefüge Pflanzerzigarre.
Witz (S. 14):	ahd.: wizzi = Wissen, Verstand.
Damaskus (S. 14):	uralte Hauptstadt Syriens, im herrlichen und fruchtbaren Tale am Fuße des Antilibanon gelegen.
anprallen (S. 15):	prallen, auch prellend anstoßen, hier: die Pferde aus dem Gang fachmännisch gewandt zum Stehen bringen.
Husar (S. 15):	ungar., eigentl. schwere polnische Panzerreiter des 16. Jh., später Benennung leichter Reitertruppen, die mit verschiedenfarbigen Schnürröcken (Attila) bekleidet waren und Bärenmützen (Kalpaks oder Kolpaks) trugen.
Karaffe (S. 15):	frz. Tafelflasche.
Karneol (S. 15):	ein gelblich oder rötlich schimmernder Halbedelstein, den man in Baden, Thüringen, Ostindien und Uruguay findet.

Junker (S. 16):	mhd.: junc-herre = Edelknabe, bis ins 18. Jh. Sohn des adeligen Gutsherrn; Hof- und Kammerjunker; später oft herabsetzende Bez. für ostelbische Gutsbesitzer.
Putsch (S. 16):	mhd.: butz = Stoß, Schlag; ein kleiner Volksaufstand; hier: Spaß, Gaudi, erregendes Zwischenspiel im Einerlei des (Goldacher) Kleinstadtdaseins.
Praga (S. 16):	auf dem rechten Weichselufer gelegene Vorstadt der polnischen Hauptstadt Warschau; gemeint ist hier die blutige Schlacht vom 6. und 7. 9. 1831 zwischen den Russen und den aufständischen Polen; vgl. auch Ostrolenka.
Ostrolenka (S. 16):	Schlachten im Jahre 1831 während der (missglückten) polnischen Erhebung gegen das Regiment der Russen.
Hasard (S. 16):	frz. Glücksspiel (17. Jh.). Diese Bezeichnung tragen alle Spiele mit Karten, Würfeln und Nummern, bei denen der Zufall entscheidet.
Brabantertaler (S. 17):	auch Albertustaler, Albertiner oder Kreuztaler genannt, eine 1598 zuerst in den Niederlanden geprägte Silbermünze.
Louisdor (S. 17):	eine seit 1640 in Frankreich bis 1795 gebräuchliche Goldmünze von annähernd 10 Euro Wert.

Beurlaubung (S. 17): hier (altertüml.) für Weggang, Entfernung.

artig (S. 18): ein a. Reisegeld: beachtlich, beträchtlich.

stutzerhaft (S. 18): Stutzer: Modenarr, Geck; stutzerhaft: einem Stutzer gemäß, geckenhaft; hier eitel, modisch herausgeputzt.

Akazie (S. 18): Mimosengewächs warmer Erdteile, bei uns Zimmerpflanze.

Wildfang (S. 19): eigentl. gefangenes, noch nicht gezähmtes Tier (18. Jh.); hier: ungezähmt, übermütig, formlos.

Desna (S. 20): linker Nebenfluß des Dnjepr, oberhalb der Stadt Kiew.

Wohlhygien (S. 20): teils fruchtbares, teils aus Wald- und Steppenlandschaft bestehendes westrussisches Gebiet mit der Hauptstadt Shitomir.

pferchen (S. 20): mhd.: pferrich = eingezäunt, eingehegt.

nobel (S. 20): lat. nobolis, frz. nolbe = vornehm, fein, edelmütig (gegenüber den Damen).

wortwechselte (S. 21): das Substantiv „Wortwechsel" verbal gebraucht; ungewöhnlich.

Büchsen Pomade (S. 21): ein kleiner Behälter mit Haarsalbe (fr. pomade).

Stengel Bartwichse (S. 21): Bartwachs in Zylinderform zum Steifen des Schnurrbarts entsprechend der damaligen Herrenmode (vgl. „Napoleonbart"), die

	Bartspitzen möglichst lang und steif auslaufen zu lassen.
Expressen (S. 21):	etwas per Eilboten schicken.
Hausgeister (S. 23):	Allgemein herrschte seit den ältesten Zeiten und teilweise noch jetzt der Glauben, dass jedes Gehöft einen Hausgeist habe, hier launige Bezeichnung für Hausbedienstete, voran die Köchin.
Harnisch (S. 23):	aus dem Keltischen, mhd. harnasch: Eisenrüstung.
Schultheiß (S. 23):	auch Schulze: von ahd. heizzan = nennen, befehlen: meist Vorsteher eines (kleinen ländlichen) Ortes, aber auch wohl größerer Städte, wie z. B. Frankfurt (früher).
Granatbaum (S. 24):	(Punica, punischer Apfel) eine aus Vorderasien stammende, wild in Südeuropa und in der Schweiz vorkommende Pflanze aus der Familie der Myrtengewächse.
Aufklärung (S. 24):	Abkehr von Tradition und Autorität, Hinwendung zum Subjekt und zu eigener vernünftiger Erkenntnis im 18. Jh.; vor der frz. Revolution 1789 suchten Fürsten und Gelehrte durch mancherlei Bildungsanstalten und -einrichtungen die Wissenschaften und deren Ergebnisse dem Volke zugänglicher zu machen, um Vorurteile und Aberglauben zu besiegen.

Bötticher (S. 24):	Bottichmacher, Fassbinder; einst weitverbreitetes, heute auf Grund der Umstellung von Holz auf Metall in manchen Gegenden völlig abhanden gekommenes Handwerk.
Friedensrichter (S. 24):	zur gütlichen Einigung von Rechtsstreitigkeiten bestellte Beamte, zuerst 1360 in England und 1790 in Frankreich.
Kämbel (S. 24):	mundartl.: Kamel.
Philantrophie (S. 24):	griech.: Menschenliebe; Geistesrichtung des 18. Jh., die eine naturgemäße und menschenfreundliche Bildung erstrebte (vgl. Aufklärung).
Weibergut (S. 24):	„eingebrachtes Gut" der Ehefrau, das besonderen Bestimmungen unterliegt.
Utopien (S. 25):	moralisches U.: lat. utopia = Nirgendheim, Schlaraffenland, ein eingebildetes Land, dessen Zustände uns Thomas Morus (More; 1478–1535) in seinem gleichnamigen Werk eingehend schildert; nach den Vorstellungen des Schneiders war Goldach ein solches Wunderland, wo ein seltsames Sittengesetz „das ungleiche Schicksal abwog und ausglich".
Korrespondenz (S. 27):	mlat.: Briefwechsel (17. Jh).

Kollekteur (S. 28):	lat.: Sammler, hier: Loshändler (auch Agent und sogar Bankier).
zeitlich (S. 31):	das z. Vermögen: augenblicklich.
Zeit (S. 31):	„denn eben um diese Zeit wurden viele Polen und andere Flüchtlinge wegen gewaltsamer Unternehmungen des Landes verwiesen", vgl. hierzu: Agenten, Dreißiger, Ostrolenka, Praga, Polacke.
Fortuna (S. 32):	(Tyche) Glücksgöttin der alten Griechen und Römer, meist als schönes Weib mit strahlendem Sonnenkranz auf dem Haupte und einem unversiegbaren Füllhorn in der Linken.
Galion (S. 32):	(Galjon) ital.: die äußere Basis des aus dem Bug hervorragenden Mastes (Bugspriet), welche die Bildsäule oder die Büste des Schiffspiraten (Galjon) trägt.
Geschwader (S. 32):	eigentl. eine Gruppe von Kriegsschiffen (oder heute auch von Flugzeugen), hier „segelten" die Pferdeschlitten der Seldwyler in langem, buntem Zuge hintereinander „im Sonnenschein dahin", dem Gasthaus auf der Höhe zu.
Jakobsbrunnen (S. 32):	wo der flüchtende Erzvater Jakob zuerst mit Rahel, Labans Tochter, zusammentraf (1. Moses 29).

Bethesda (S. 32):	Teich B.: vor dem Schaftor Jerusalems gelegen, dessen Heilwirkung in Joh. 5 näher beschrieben wird.
Gazegewänder (S. 33):	Gaze = ursprünglich aus Gaza (Hafenstadt in Syrien) bezogenes durchsichtiges Gewebe, Schleierstoff.
ethnographisch (S. 34):	griech.: völkerkundlich.
Prälat (S. 34):	lat.: Amtsbezeichnung hoher geistlicher Würdenträger der kath. Kirche.
Gravität (S. 34):	lat. gravare = beschweren; Würde, Gemessenheit.
Stiftsdamen (S. 34):	Glieder einer karitativen Anstalt mit eigener Stiftsverfassung.
drapieren (S. 35):	frz.: bekleiden.
Carbonarimantel (S. 35):	weiter, ärmelloser Mantel nach der Art der ital. Freischärler, der Carbonari = Köhler; diese wandten sich ursprünglich gegen die frz. Herrschaft in Italien 1806–15, seitdem demokratisch, traten sie mit der in Frankreich seit 1815 bestehenden Charbonnerie in Verbindung.
Werg (S. 35):	mhd.: der Abfall beim Wirken des Flachses oder Hanfes.
Raphael (S. 37):	eigentl. Raffaelo Santi (1438–1520); großer ital. Maler der Renaissance.

Mirakel (S. 37):	lat.: Wunder, Wunderwerk.
diabolisch (S. 37):	griech.: teuflisch.
Wasserpolacken (S. 37):	vgl. Polacken.
Pfründe (S. 39):	mhd.: pfruende = Lebensunterhalt; Landbesitz oder Amt, mit dem (oft ohne erkennbare besondere Leistung) hohe Einkünfte verbunden sind, vor allem bei Geistlichen.
infam (S. 39):	lat.: ehrlos.
Nasenstüber (S. 44):	(Nasenstieber) aus dem Niederdeutschen = schneller (Schnipper) mit dem Finger, sanfter Stoß auf die Nase (15. Jh.).
Zinsherr (S. 44):	der Amtsrat als Verpächter seiner Besitzung: Zins (schweiz.) anstelle von Pacht.
kokett (S. 51):	frz.: gefallsüchtig (18. Jh.).
Romane (S. 52):	keine R. mehr: keine Fantasiegebilde oder Gaukeleien mehr!
Troja (S. 56):	in Kleinasien, bekannt durch den in der *Ilias* von Homer geschilderten Kampf; hier (humorvoll) Kampfplatz zwischen den Seldwylern und Goldachern.
Stadttambour (S. 56):	urspr. Trommelschläger, dann Anführer der städt. Spielleute.
Spannschraube (S. 56):	befindet sich seitlich am Messingkessel der Trommel und dient zum Spannen des Trommelfels; hier als Auftakt für die (kriegerische) Unternehmung gedacht,

	konnte doch erst nach diesem Spannen die Trommel „geschlagen", „gerührt" oder „gewirbelt" werden.
Katzenköpfe (S. 57):	kleinkalibrige Geschütze, später auch große Böller.
Marchand-Tailleur (S. 57):	frz.: Schneidermeister, hier: Kleinhändler, Stoffhändler.
Stüber (S. 58):	frühere niederrheinische Scheidemünze im Wert von etwa 2,5 Cent.
Spekulation (S. 58):	lat.: auf Gewinn berechnetes Unternehmen.

2.6   Stil und Sprache

Weil Gottfried Keller einen eigenen Kopf hatte und diesen zeitlebens behielt, konnte er sich trotz seines ausgesprochen demokratischen Grundzuges niemals in die Abhängigkeit einer republikanischen Partei eingliedern. Bindende Schranken waren für ihn nur

> *„die Gemeinschaftsprobleme seiner Zeit und seines Landes, die ihn beschäftigen; dass sie ihn aber trotzdem dauernd interessieren, liegt daran, dass sie nicht von einem nur politischen Gesichtspunkt gesehen sind, sondern von einem rein menschlichen."*[15]

Aufgeblasenen Nationalismus und Scheinpatriotismus empfand Keller in seiner ungeschminkten Naturhaftigkeit als bloße Narretei. Deshalb war er, der seine engere Heimat erst zu einer beachtenswerten literarischen Bedeutung gebracht hat und als ihr größter Sohn aufzufassen ist, entschieden gegen die These von einer spezifisch schweizerischen Literatur. Wie ernst er es mit seinem Dichterberuf nahm, bekundete er in seinen vielen Briefen und Skizzenbüchern. Den bereits in frühen Mannesjahren erkannten Richtlinien ist Keller auch in der Form treu geblieben. In Gottfried Kellers **Sprache** ist das Leben selbst zum Wort geworden. Wie kaum ein anderer Dichter hat Keller um den Ausdruck gerungen. Die Sprache sollte ihm Niederschlag seiner Gedanken und Gefühle, das treue Abbild des äußerlich und innerlich von ihm Erlebten und Geschauten sein. Mit Fug und Recht lässt sich darum von ihm vermerken: Er schrieb mit seiner Seele. Allein schon dies

---

[15] Aus den Jahren 1930/1951 stammen H. Hesses *Gedanken über G. Keller*, denen der zitierte Abschnitt entnommen ist. – In: H. Hesse, *Eine Literaturgeschichte in Rezensionen und Aufsätzen*, S. 293–298. Die Eigenwilligkeiten G. Kellers, die sein Leben und seinen künstlerischen Schaffensprozess bestimmen, finden sich sehr anschaulich und lebendig in Adolf Muschgs Biografie über Gottfried Keller dargestellt. – Vgl. Literatur

sichert ihm den Ruhm des Unvergänglichen, des Unsterblichen.

Zwei Pole begrenzen den Weg Kellers als Erzähler, bei dem – wie der geistvolle Essayist Otto Brahm vermerkt – drei Perioden hervortreten: zu Anfang *Der grüne Heinrich*, die geschichtliche Auseinandersetzung nach rückwärts, und am Ende *Martin Salander*, die geschichtliche Auseinandersetzung nach vorwärts. Wie ein wertvolles und verpflichtendes Vermächtnis für die ganze Menschheit nimmt sich sein Werk aus. In ihm hat ein weiser Denker und feiner Beobachter, der die Kräfte und Regungen seines Jahrhunderts durchdrang und seherisch erschaute, die Ergebnisse seines Forschens und Fabulierens der Nachwelt niedergelegt.

historischer Blick zurück: *Der grüne Heinrich*; historischer Blick nach vorn: *Martin Salander*

In einer gelungenen Charakteristik, aus der hier zitiert werden soll, hebt Hermann Hesse das Abgerundete in der Dichtersprache Gottfried Kellers hervor:

„Schon äußerlich zeigt Kellers Sprache eine beruhigende Sicherheit des Flusses, man findet keine Sätze ohne Zeitwort (...), kein Nebeneinander von verblüffender Kürze oder stürmend lyrischer Rhetorik. Vielmehr findet man gleichmäßig lange, schön strömende und dem natürlichen Atem und Herzschlag gemäße Sätze und Satzteile, die jedermann ohne Vorbereitung bequem und schön vorlesen kann, und ein Verbinden der Sätze durch einfache kaum bemerkte Bindewörter, deren feine Wahl und wohligen Reiz man wie etwas Selbstverständliches hinnimmt, während sie in jeder Prosa unendlich wichtig sind. Und schließlich ist vielleicht die Hauptsache das Verzichten auf jede verwässernde Umschreibung, der Reichtum an kernvollen Zeit- und Hauptwörtern vor allem. Unsere Dichtersprache krankt an dem

argen Hang, Farbigkeit und Feinheit des Ausdrucks namentlich in Adjektive und Adverbien zu legen statt in die Hauptwörter und sich unter Umgehung der wertvolleren Zeitwörter mit den Hilfsverben ‚sein' und ‚haben' zu begnügen. Von dieser Verarmung zeigt Kellers Sprache keine Spur. "[16]

Orientiert an Hesses Leitstichwörtern (Satzbau, Ruhe und Vollständigkeit der Sätze, Wahl der Nomen, Verben und Konjunktionen) beleuchten wir knapp einen Textabschnitt der Novelle. Es handelt sich um den von Strapinskis Flucht in den verschneiten Wald nach der peinlichen Enthüllung seiner wirklichen Identität (S. 40, 4–31). Der Textabschnitt umfasst 6 Sätze, von denen zwei relativ kurz sind (Zeilen 9–12 mit 24 Wörtern; Zeilen 18–19 mit 10 Wörtern). Insgesamt enthält der Absatz 216 Wörter. Die Gedanken und ihr ‚Gewicht' sind rhythmisch unverkrampft jeweils über den ganzen Satz verteilt. Sie schließen zumeist mit einem plastischen Verb ab, das die Aussagen abrundet *(„... krümmten; ... ertönte; ... fuhren; ... anzuwehen begann")*. Alle Sätze geben den Zustand Strapinskis wieder, d. h. sein unsicheres Handeln, seine Gedanken und Gefühle, die mit der Außenwelt kontrastiert werden.

Satz 1 (Zeilen 1–9): Schamgefühle Strapinskis und Gedankenrückkehr zu Nettchen;

Satz 2 (9–12): Unglück und Erniedrigung trennen Strapinski von der Welt, in der er eigentlich sein möchte;

Satz 3 (12–17): Einsamkeit Strapinskis unter dem Sternenhimmel; sich näherndes Lachen und Schellenklang;

Satz 4 (18–19): Strapinski allein, die zurückfahrenden Seldwyler;

Satz 5 (19–22): Strapinski entflieht der Welt;

---

16 Vgl. Hermann Hesse, *Eine Literaturgeschichte in Rezensionen und Aufsätzen*, S. 301.

Satz 6 (19–31): kreisende Gedanken Strapinskis und eine unerbittlich kalte (Winter-)Nacht.

Die Sätze beschreiben ein Höchstmaß an Ausgesetztsein in einem Minimum an Handlung. Trotz ihres Wortvolumens sind sie sehr präzise und anschaulich. Beides erreicht Keller durch Verben (z. B. *weinte, taumelte, lauschte*) und durch einprägsame Bilder (*Gedanken an der schweren Kette; die kalt glänzenden Sterne; roter Schein; in der dunklen Ferne; auf dem knisternden Schnee; eiskalter Hauch*), die Strapinskis Verlorenheit deutlich machen. Durch sie wird in diesem Abschnitt auch ein knapper dramatischer Bogen gespannt zwischen Verzweiflung (*„Er streckte die Arme gegen die kalt glänzenden Sterne …"*) und Selbstaufgabe (*„… streckte seine Glieder aus und schlief ein …"*). Haupt- und Nebensätze werden, ganz wie dies beim natürlichen Erzählen der Fall ist, durch Konjunktionen verknüpft, mit denen die zeitliche Abfolge von Gedanken oder Vorgängen genau nachzuvollziehen ist (*als, da, nachdem, ohne dass, während*). Der letzte, zugleich auch längste Satz führt die Kontraste dieses Absatzes (Nähe und Ferne, Licht und Dunkelheit, Behaglichkeit und Ausgesetztsein, Leben und Todesnähe) noch einmal zusammen. Der entspannte Erzählton Kellers bannt dabei in dichter Information das Unheimliche und Bedrohliche der Situation, ohne sie jedoch aufzuheben:

> behaglich breiter Erzählton, stets ebenso präzise wie anschaulich

> *„Der tolle Zug fuhr vorüber und verhallte endlich in der dunklen Ferne, ohne dass der Flüchtling bemerkt worden war; dieser aber, nachdem er eine gute Weile reglos gelauscht hatte, von der Kälte wie von den erst genossenen feurigen Getränken und seiner gramvollen Dummheit übermannt, streckte unvermerkt seine Glieder aus und schlief ein auf dem knisternden Schnee, während ein eiskalter Hauch von Osten heranzuwehen begann."*

Dieser Satz besteht aus zwei durch ein Semikolon getrennten Satzgefügen. Keller vermeidet den Punkt, um die gedankliche Zusammengehörigkeit der Geschehensteile auch in der Interpunktion zu verdeutlichen. Die Gleichzeitigkeit dessen, was geschieht, wird in drei zentralen Bildern vermittelt: das einer abziehenden Gefahr, das des ermüdeten Strapinski und das einer neuen Bedrohung, die gefährlicher ist als die soeben vorübergetobte. In diesen Aussagen sind zehn Detailinformationen enthalten: Die Schlitten gleiten vorüber – sie verschwinden in der Ferne – Strapinski bleibt unbemerkt – er lauscht in die Nacht hinaus – die Getränke beginnen zu wirken – es ist kalt – er ist erschöpft – seine Dummheit lässt ihn keinen klaren Gedanken fassen – er legt sich in den eisigen Schnee – grimmige Kälte zieht herauf. Den ersten gedanklichen Schwerpunkt bildet die Aussage, dass Strapinski unentdeckt bleibt. Dieser Schwerpunkt wird folgerichtig durch einen zweiten fortgesetzt („... dieser aber streckte unvermerkt seine Glieder aus und schlief ein ...") und zugleich mit erklärenden Zusatzinformationen aufgefüllt, die Zurückliegendes und nachfolgend Geschehendes in einen Sinnzusammenhang rücken.

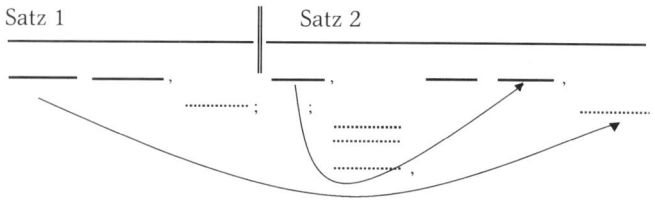

2.7 Interpretationsansätze

Gottfried Keller, so wurde wiederholt festgestellt, zählt zu den Kritikern seiner Zeit und Gesellschaft. Die *Seldwyler Erzählungen*, so ‚volkstümlich' sie auch sein mögen, zeugen in nicht geringem Maße von dem kritischen Bewusstsein ihres Schöpfers. Streift man die zehn Novellen an ihrer Oberfläche, so ergeben sich kaum Übereinstimmungen oder bedeutsame Hinweise auf gewichtigen Gehalt. Sie erscheinen wie ein eher zufällig zusammengestelltes Sammelsurium verschiedenster Spielarten des Erzählens, und auch die einleitenden Bemerkungen lassen noch nichts von der engagierten Auseinandersetzung des Autors mit den gesellschaftlichen Zuständen seiner Zeit in diesen Novellen vermuten.

Verbleibt man, wie ein Teil der Kritik, bei der Auseinandersetzung mit den sprachlichen und formalen Mitteln dieser Novellen, so geraten die bedeutsameren Feststellungen, die in ihnen transportiert werden, in den Hintergrund: die Frage nach dem Menschen und der Menschlichkeit in einer aus der Sicht des Schöpfers von *Seldwyla* schwierigen Zeit.

———

In der Vorrede zum II. Teil der *Selwyler Geschichten* schreibt Gottfried Keller:

„Es ist insonderlich die überall verbreitete Spekulationsbetätigung in bekannten und unbekannten Werten, welche den Seldwylern ein Feld eröffnet hat, das für sie wie seit Urbeginn geschaffen schien (...). Statt der ehemaligen dicken Brieftasche (...) führen sie nun kleine Notizbücher, in welchen die Aufträge in Aktien, Obligationen; Baumwolle oder Seide kurz notiert werden. (...) Sie spielen mit den angesehensten Geschäfts-

> männern Karten und verstehen es vortrefflich, zwischen dem
> Ausspielen schnelle Antworten auf Geschäftsfragen zu geben
> oder ein bedeutsames Schweigen zu beobachten (...). Von der
> Politik sind sie beinahe ganz abgekommen, da sie glauben, sie
> führe immer zu Kriegswesen (...)."[17]

Kellers Hinweise auf Gewinn und Habsucht, auf Vorteils-
denken und dubioses Geschäftsverhalten wollen ernst genommen werden. Die Zeit gab ihm Anlass, sehr kritisch und aufmerksam hinter die Kulissen zu schauen, „Sein" und „Schein"
voneinander zu trennen. Um diese ging es Keller: Tages-
profitler und Konkursaktionäre, schadenfrohe Gewinnritter
und politische Opportunisten, die sich ihr Glück ergaunerten,
zumeist auf dem Rücken anderer, um die Herren mit den ach
so „weißen Westen". Ein tief greifender Strukturwandel hatte
sie bis zur Mitte des vorigen Jahrhunderts – in der Schweiz
ebenso wie in den anderen aufstrebenden Industrieländern
Europas – emporgespült und dabei Menschen ausgesondert,
die ihre Erwerbsgrundlagen in heimischen Kleinindustrien
und Heimmanufakturen über Nacht verloren hatten. Dies ge-
schah einerseits durch den technischen Fortschritt („Rationali-
sierung"), andererseits durch Pleiten und Zusammenbrüche
derer, die sich übernahmen und ebenso rasch wie rücksichts-
los das große Geschäft machen wollten.

Strapinski – einer von „unten"; einer von denen, die schuldlos schuldig werden

Auch Strapinski ist einer, an dem das
Glück (zunächst) vorbeizugehen
scheint. Unverschuldet ohne Arbeit
und Lohn, gerät er in die Gefahr,
womöglich den besitz-, recht- und heimatlosen Menschen zu-
gerechnet zu werden, die nichts mehr zu verlieren haben. Er
könnte gar zu denen gehören, die von Ort zu Ort, von Gefängnis zu Gefängnis wandern, die nicht im Gemeindebuch ver-

---

17 Gottfried Keller, *Vorrede*, RUB 7470, S. 60–61.

zeichnet sind und immer „draußen vor der Tür" derer bleiben, denen Armut und Heimatlosigkeit fremd und unverständlich sind. Seine Geschichte wäre dann die Geschichte ungezählter anderer, die nicht so froh und glücklich enden, wie Keller es dem Schneiderburschen angedeihen ließ.

Strapinski, der unfreiwillig-freiwillig in die Welt der Besitzenden mehr hineingezogen wird, als er selbst Schritte unternimmt, ihr wirklich anzugehören, gewinnt rasch einen Blick dafür, welche Menschen in der sozialen Hierarchie ganz oben stehen. Er weiß es, als die hohen Herren hineinkommen in das Gasthaus, in dem er so gräflich behandelt wird, um dort wie gewöhnlich ihr Spielchen zu machen, ihn argwöhnisch umlauern, ihn – den Fremden in ihrer geschlossenen Welt.

Er weiß es noch besser, als er fremd in der kleinen Stadt umherwandert, umgeben von den Zeugnissen ihrer Wohlhabenheit, und er bleibt fremd bis zu seiner Entlarvung, die ihm offenbart, wo er eigentlich hingehört. Während in Kellers anderer bekannter Novelle *Romeo und Julia auf dem Dorfe* das Urbane längst die bäuerliche Siedlungs- und Lebensgemeinschaft Seldwylas eingeholt hat und die beiden Väter in ihrer Habgier zu Entwurzelten macht, an denen die Kinder zerbrechen, setzt sich mit Nettchen die positive und rettende Kraft durch, die den Schneider vor dem Untergang bewahrt. Seldwyla bekommt von ihr, was es verdient für seine Arroganz und Dummheit: ihre ganze Verachtung.

Als Keller die *Seldwyler Geschichten* beendet hatte (1873/74), gehörten viele der von ihm angeprangerten Missstände überwiegend der Vergangenheit an. Nach 1848 war es zu durchgreifenden administrativen Maßnahmen gekommen, um die Ursachen für die soziale Verelendung vieler Menschen in der Schweiz zu ergründen und zu beseitigen. Arbeitslosigkeit (!) war ein Grund der Verelendung mit vier weiteren, zu denen auch der Mangel an guter Erziehung und Ausbildung sowie gravierende Fehler im Unterstützungswesen zählten.

Heimatlos in Seldwyla: Reichtum und Hoffärtigkeit haben die Herzen und Türen der Seldwyler hart gemacht; es dringt keine Liebe ein noch aus. Wer nicht dazugehört, bleibt draußen. – Keller ist gnädig mit denen, die drinnen sind und sich selbst nicht erkennen! Von Zeit zu Zeit mag ein Blick aus unseren Tagen zurück nach Seldwyla recht aufschlussreich und vielleicht sogar heilsam sein.

In G. Sautermeisters Interpretation, die wir nachfolgend ausschnitthaft zitieren, kommt dieser Gedanke klar zum Ausdruck:

„Zur Humanität Kellers gehört es, dass er den Charakter in seiner Dynamik, seinem gesellschaftlichen Gewordensein aufzufassen vermochte, und nicht als Produkt des guten oder schlechten Willens, wie idealistische Ethiker vorgeben, oder als angeborene Natur, wie elitäre, für unüberbrückbare Rangunterschiede plädierende Ideologen wollen.

Zwangsläufig fällt der Schneidergraf in eine todesähnliche Erstarrung, als er von Einwohnern der Nachbarstadt Seldwyla, wo er bis vor kurzem gearbeitet hatte, höhnisch entlarvt wird: Die Gesellschaft macht ihm ein Verhalten zum Vorwurf, das doch weithin gesellschaftlich bedingt war. Seine Erstarrung ist doch Ausdruck einer subjektiven Ohnmacht, aus der ihn erst die Amtsratstochter erlöst. Nachdem sie in dem Buch seiner Vergangenheit, das er vor ihr aufschlägt, gelesen hat, erkennt sie seine individuelle Unschuld und hält entschlossen, trotz des Spotts der Leute, zu ihm: eine wahrhaft emanzipierte Haltung, die allerdings von Rachebedürfnissen nicht frei ist. Mittels ihrer Erbschaft verhilft sie ihrem Gatten nicht nur zum Aufbau eines blühenden Geschäfts, sondern auch zu einem unnachgiebigen

Kaufmannsgebaren gegenüber den Seldwyler Kunden.

Das glückliche Ende ist ein Werk des Keller'schen versöhnenden Humors – eben darum hat es auch zufällige, willkürliche Züge. Der eine höhere Tochter heiratende und zum reichen Tuchherrn avancierende Schneider dürfte kaum repräsentativ für den armen Handwerker seiner Zeit sein. Und seine soziale Eingliederung in die Gesellschaft kann nicht vergessen machen, dass diese Gesellschaft nach wie vor ihren unterprivilegierten Mitgliedern eines jener Schicksale bereiten kann, das dem Schneider fast zum entgültigen Verhängnis geworden wäre. Der das Individuum und die Gesellschaft aussöhnende Humor lässt diesen Widerspruch herbeiführen. Allerdings ist diesem Humor ein Quentchen Ironie beigemischt, das die Scheu des Erzählers vor einem trügerischen Pathos ausdrückt." [18]

---

18 Gert Sautermeister, *Die Leute von Seldwyla. Nachwort*, S. 586–558.

3.   Themen und Aufgaben

Kellers Novelle *Kleider machen Leute* wird auch heute noch gern als Lektüre im Deutschunterricht für das 8. oder 9. Schuljahr gewählt. Diese Auswahl wird didaktisch mit dem Hinweis auf die Kriterien begründet, die u. a. A. Weber zusammengefasst hat (⇒ **4. Kapitel**, Beitrag 8). Große Begeisterung kommt bei den jungen Lesern gewöhnlich nicht auf. Die Sprache der Novelle ist zu weit weg von ihrer eigenen, selbst wenn die Thematik (Liebesgeschichte) den eigenen Erfahrungshorizont jugendlicher Leser von heute abdeckt. Da freilich gäbe es anderen, zeitgemäßeren ‚Lesestoff'! Es sprechen genug Gründe dafür, die Novelle erst in einer Oberstufenklasse (11., 12.) zu lesen. Noch besser eignet sie sich als Lektüre in der Erwachsenenbildung, dort also, wo aus eigenem Antrieb „versäumte Lektionen" nachgeholt werden und eine reife Auseinandersetzung mit der dichterischen Sprache vorausgesetzt werden kann. Mit dem Blick auf die ausgewählten Materialien (⇒ **4. und 5. Kapitel**) schlagen wir im Folgenden **6 Themen** vor, zu denen Aufgaben formuliert werden: einerseits zur Analyse und Interpretation der Novelle, andererseits zur kreativ-gestalterischen Begleitarbeit i. S. eines „produktiven Umgangs mit Literatur."[19]

Die Lösungstipps beziehen sich auf die Kapitel der vorliegenden Erläuterung.

---

19 Zu dieser Novelle im Unterricht vgl. Hans E. Giehrl in Jakob Lehmann (Hrsg.), *Deutsche Novellen von Goethe bis Walser*, S. 275–287. – Wir weisen auf die Anregungen und Beispiele zum „produktiven Umgang mit Literatur im Unterricht" hin, die in zahlreichen Bänden unserer Reihe „Erläuterungen und Materialien" zu finden sind.

> **Thema 1: Inhalt, Aufbau, Personenzeichnung, Problemstellungen**

Lösungstipps und Hinweise zur Ausführung

▶ Schreiben Sie eine knappe **Inhaltsangabe** (4 S.)

2.2; Hinweis: Schreiben Sie erst, wenn Sie sich mit den folgenden Aufgaben beschäftigt haben.

▶ Halten Sie in einer **Zeitleiste** die wichtigsten Ereignisse fest.

2.2; Probieren Sie mehrere Varianten (horizontale, vertikale Zeitleisten).

▶ Welche **Einzelszenen** haben sich Ihnen am tiefsten eingeprägt?

2.3; Schreiben Sie Ihre Eindrücke mit einigen Stichwörtern zunächst ungeordnet nieder.

▶ Welche **Hauptteile** erkennen Sie?

2.3; Notieren Sie dazu einzelne „Zwischenstationen".

▶ Stellen Sie sich die **Figuren der Novelle** vor und schreiben Sie zu jeder von ihnen **10 Adjektive** auf. Schreiben Sie anschließend eine „Vollcharakteristik" zu einer Figur der Novelle.

2.4; Unterscheiden Sie nicht zwischen „Haupt- und Nebenfiguren". Gehen Sie wieder von Ihren persönlichen Eindrücken aus.

▶ Notieren Sie **5 Kernthemen**, die Ihnen bei der Lektüre der Novelle einfallen. – Schreiben Sie eine kurze Begründung („Aufsatz")

2.7; Es ist nicht erforderlich, dass Sie den Gedanken unserer Erläuterungen folgen: Es geht um Ihre Wahrnehmung.

und belegen Sie die Aussagen **mit Zitaten** a) aus der Novelle und b) aus der Sekundärliteratur.

▶ Schreiben Sie einen **kurzen Absatz** Ihrer Wahl in Ihrer Sprache und vergleichen Sie mit dem Original. – Halten Sie die Unterschiede in einigen Stichworten fest.

2.6; Analysieren Sie den ausgewählten Abschnitt (Anzahl der Sätze, Wörter, Haupt- und Nebensätze, Schlüsselwörter etc.)

➢ **Thema 2: Schein und Sein**

▶ Notieren Sie spontan Ihre Gedanken über die Redensart „Kleider machen Leute"; geben Sie **Beispiele aus Ihren Erfahrungswelten.**

2.2; Strapinski ist nicht die einzige Figur der Novelle, auf die der Satz zutrifft.

▶ Charakterisieren Sie **die Seldwyler** und **die Goldacher.**

Vorwort und 2.4; Suchen Sie markante Textabschnitte auf.

▶ Mit welchen Mitteln drehen Nettchen und Strapinski die Werte um, so dass sie am Ende tatsächlich mehr sind als scheinen? – **Bewerten Sie ihre Haltung.**

2.2; 2.4; 2.7

▶ Sehen Sie in **Strapinskis Anlagen und Erziehung** Voraussetzungen für seine Schwächen?

2.2; 2.4; Hier bietet sich an, eine „Kurzbiografie" zu Strapinski zu schreiben.

> **Thema 3: Satirische Elemente in der Novelle**

▶ Suchen Sie **Textpassagen** auf, in **denen satirische Elemente** sehr klar zu erkennen sind, aber auch solche, in denen Keller sie verdeckt formuliert.

2.6; 2.7; 5; für diese und die folgende Aufgabe greifen Sie bitte auf die entsprechende Sekundärliteratur zu Keller und auf die zur Satire zurück.

▶ Setzen Sie sich mit den **Mitteln der Satire** auseinander.

5. (s. o.)

> **Thema 4: Schuld und Sühne**

▶ Bestimmen Sie den **Anteil der Schuld**, den Ihrer Meinung nach einzelne / alle (?) Beteiligte haben (schr. textbezogene Reflexion).

2.2; 2.4; 2.7; legen Sie Ihr Vorverständnis von „Schuld" dar und argumentieren Sie vor diesem Hintergrund.

▶ Wie „schuldig" ist **Nettchen**?

2.4; Tragen Sie noch einmal alle Charaktereigenschaften des Mädchens zusammen.

▶ Halten Sie **Strapinkis Schuld** und seinen Anteil an **Sühne** für ausgewogen?

2.2; 2.7; Greifen Sie noch einmal auf Ihre Überlegungen zur letzten Aufgabe in „Thema 2" zurück.

> ➤ **Thema 5:** *Kleider machen Leute* – **eine „Dorfgeschichte"?**
>
> ▶ Stellen Sie in einer Liste einige markante Angaben Kellers über die **Orte des Geschehens und ihre Charakteristika** zusammen.
>
> *2.2; 2.4; besonders geeignet für Gruppenarbeit*
>
> ▶ Überprüfen Sie, welche **Kriterien in Kellers Novelle** erfüllt sind, um sie in die Nähe des Genres **„Dorfgeschichte"** zu rücken.
>
> *Ergebnisse der vorherigen Aufgabe; 5.; erstellen Sie sich eine Kriterienliste und „haken" Sie ab.*
>
> ▶ Legen Sie eine Übersicht der „Dramatis Personae" mit knappen Beschreibungen an; teilen Sie die Novelle in **5 Akte mit Szenen** ein und legen Sie jeweils die **Handlungsorte** fest.
>
> *2.4; besonders geeignet für Gruppenarbeit*
>
> ▶ Erstellen Sie eine Gesamtübersicht in Form einer ‚**Fantasiekarte**', in der alle Episoden der Handlung ausgewiesen werden; zuzüglich: **Bild- und Textelemente.**
>
> *2.2; 2.4; Es ist reizvoll, diese Aufgabe in arbeitsgleichem Gruppenunterricht durchzuführen (abschließendes Mini-Projekt).*

> **Thema 6: Erzählung oder Novelle?**

▶ Geben Sie Beispiele für einzelne **Erzählschritte der Novelle**; zeichnen Sie „lineare, mehrschichtige und retrospektiv-analytische" Erzählstrukturen nach (vgl. Giehrl, S. 282).

2.2; 2.6; 2.7; 4.; bei dieser Aufgabe ist es erforderlich, den Originaltext gründlich zu lesen und begleitend Stichwörter zu notieren.

▶ Stellen Sie in einem einfachen **Diagramm** einen typischen, breit entfalteten **Keller-Satz** aus der Novelle dar.

2.6; weitere Orientierung: siehe Giehrl, Hussong

▶ Erzählen Sie den **Anfang der Novelle in ‚moderner' Sprache** (S. 3, Zeile 1–24) selbst.

Schreiben Sie unbeeindruckt von Kellers Stil genau so, wie Sie selbst den Anfang schreiben würden.

4.   Rezeptionsgeschichte

Es gehört zu den beglückenden und versöhnlichen Tatsachen um Gottfried Keller, dass er – wie kein anderer Erzähler des 19. Jahrhunderts – bei uns durch eine stetig wachsende Zahl an Verehrern in der breiteren Öffentlichkeit die ihm zukommende Anerkennung gefunden hat, die ihm in der Fachwelt schon längst sicher war. Sein dem Umfang nach nicht eben erstauliches literarisches Werk hat allerdings Gewicht, weniger im historischen Sinne, vielmehr seiner Objektivität und der tiefen Humanität wegen. Es durchragt sein und unser vergangenes Jahrhundert, indem es aus der Existenzbedrängnis des Autors Antworten und Lösungen bereithält, wie ein Mensch in den Abgründen seines Selbst und seiner Zeit sich finden, konsolidieren und, sich überhöhend, daraus herauswachsen kann. Kaum ein bedeutender Schriftsteller nach ihm konnte an dieser Dichtergestalt und seinem Werk vorbeisehen, weder C. F. Meyer, H. v. Hofmannsthal, R. Huch, G. Hauptmann, H. Hesse, noch aus unseren Tagen E. Canetti, W. Höllerer, P. Handke oder A. Muschg.

(1) Hermann Hesses Urteil unterstreicht, stellvertretend für andere, die hohe Wertschätzung, die Keller bei seinen ‚Kollegen‘ genoss:

„Bei Gottfried Keller sehen wir aus einem zu klein gewachsenen, schrulligen, armen, trotzigen Junggesellen- und Weintrinkerleben ein Werk losgedrungen, das nichts von Nöten und Verkniffenheiten zu wissen scheint, wir sehen den zu kurz Gekommenen und Vergrämten im Werke eine Harmonie erreichen, eine Atmosphäre der Überlegenheit und der reinen Schau, eine Opferung des Ichs zugunsten der Schönheit, die nicht nur

entzückt, sondern als Künstlertat im höchsten Grade vorbild-
lich ist, während doch das tatsächliche Leben so wenig vorbild-
lich zu sein schien ..."[20]

———

Ganz zentral für die *wissenschaftliche* Erforschung des
Keller'schen Werkes wird jener u. a. auch von Hesse unter-
strichene Fakt der körperlichen Missbildung. Darin liegt im
wesentlichen Kellers Scheitern aller Beziehungen zu den Frau-
en begründet, das ihn tief vereinsamen ließ (vgl. Kapitel **1.1**).
Die sich daran anknüpfende Problematik der „Schuld" wurde
bereits in früheren Ansätzen der Keller-Forschung aufgezeigt
(K. Guggenheim, W. Muschg), doch hat erst A. Muschg in
seinem dichten und dichterischen Keller-Porträt die Perma-
nenz der Schuld herausgearbeitet, indem er die Lebens- und
Schaffensabschnitte des Dichters engstens von dessen psychi-
scher Befindlichkeit aus beschreibt und deutet. ‚Schuld' und
‚Todesbedrohung': auch in den *Seldwyler Geschichten* spricht
sich der persönliche Keller aus, verschlüsselter zwar als im
Grünen Heinrich, doch werden auch die Seldwyler in ihrer
„Heimat des ökonomischen Mißgeschicks"[21] ‚authentisch' ge-
schildert, wobei die Not dieser „vereinsamten und betrogenen
Wirtschaftssubjekte ihr Gegenspiel im Triumph ihrer Darstel-
lung"[22] findet. Vieles daraus lässt sich unmittelbar auf Kellers
Leben und seine Lebenswünsche beziehen. Was uns bewegt,
von Muschg stellenweise tief anrührend ausgesprochen, ist
Gottfried Kellers *Dennoch*, mit dem er seine Niederlagen ohne
Zynismus und Boshaftigkeit überwand und es verstand, mit

———

20 Aus den Jahren 1930/1951 stammen H. Hesses *Gedanken über G. Keller*, denen der zitierte
    Abschnitt entnommen ist. – In: H. Hesse, *Eine Literaturgeschichte in Rezensionen und Aufsät-*
    zen, S. 293–298.
21 Adolf Muschg, *Gottfried Keller*, S. 182.
22 Adolf Muschg, ebd., S. 185.

einer wahrhaft geläuterten Fähigkeit, „die Schuld umzuprägen in Haltungen sozialer Schuldigkeit."[23]

———

(2) Nach seiner Begegnung mit Ludwig Feuerbach äußert sich Gottfried Keller in einem Brief (1851) zu seiner veränderten Lebenseinstellung, die auch sein zukünftiges dichterisches Werk bestimmen wird:

„Die Welt ist mir unendlich schöner und tiefer geworden, das Leben ist wertvoller und intensiver, der Tod ernster, bedenklicher und fordert mich nun erst mit aller Macht auf, meine Aufgabe zu erfüllen und mein Bewusstsein zu reinigen und zu befriedigen, da ich keine Aussicht habe, das Versäumte in irgend einem Winkel der Welt nachzuholen. Es kommt nur darauf an, wie man die Sache auffasst; man kann für den so genannten Atheismus ebenso schöne und sentimentale Reden führen, wem dies einmal Bedürfnis ist, als für die Unsterblichkeit usf.; und diejenigen Tröpfe, welche immer von höheren Gefühlen sprechen und unter Atheismus nichts weiter als rohen Materialismus zu verstehen im Stande sind, würden freilich auch die Atheisten die gleichen grobsinnlichen und eigensüchtigen Bengel bleiben, die sie als ,höhere' Deisten schon sind. Ich kenne solche Herren! Indessen bin ich weit entfernt, intolerant zu sein und jeden, der an Gott und Unsterblichkeit glaubt, für einen kompletten Esel zu halten, wie es die Deutschen gewöhnlich tun, sobald sie über dem Rubikon sind. (...) Nur für die Kunst und Poesie ist von nun an kein Heil mehr ohne vollkommene geistige Freiheit und ganzes glühendes Erfassen der Natur

---

23 Adolf Muschg, ebd., S. 91. – Adolf Muschg macht, wie er im Vorwort seines Keller-Buches schreibt, den Versuch, „die Geschichtlichkeit von Kellers Gestalt wiederherzustellen" (S. 10), die unter der naiven Rezeption auf der einen, der abgehobenen-kennerhaften auf der anderen Seite verschüttet worden war.

ohne alle Neben- und Hintergedanken, und ich bin fest über-
zeugt, dass kein Künstler mehr eine Zukunft hat, der nicht ganz
und ausschließlich sterblicher Mensch sein will."[24]

———

(3) Das Selbstbewusstsein des Künstlers spricht aus ei-
nem späteren Brief Gottfried Kellers (1881), in dem er
sich von den Eiferern distanziert, die versuchen, die ‚No-
velle' theoretisch zu diskutieren und ein neues
Wissenschaftsfeld zu etablieren:

„Was die fragliche Materie selbst betrifft, so halte ich dafür,
dass es für Roman und Novelle so wenig aprioristische Theori-
en und Regeln gibt als für die andern Gattungen, sondern dass
sie aus den für mustergültig anzusehenden Werken werden ab-
gezogen, resp. dass die Werte und Gebietsgrenzen erst noch
abgesteckt werden müssen. Das Werden der Novelle, oder was
man so nennt, ist ja noch immer im Fluss; inzwischen wird sich
auch die Kritik auf Schätzung des Geistes beschränken müssen,
der dabei sichtbar wird. Das Geschwätze der Scholiarchen aber
bleibt Schund, sobald sie in die lebendige Produktion eingreifen
wollen. Wenn ich mich nicht irre, so wird zwischen den grassie-
renden Neo-Philologen und den poetischen Hervorbringern der
gleiche Krieg entstehen, wie er jetzt zwischen den bildenden
Künstlern und den Kunstschreibern waltet, die keine Ader ha-
ben."[25]

———

---

24 Gottfried Keller in einem Brief an Wilhelm Baumgartner vom 27. März 1851, zitiert in Paul Rilla,
    Über Gottfried Keller, S. 193–194.
25 Gottfried Keller in einem Brief an Theodor Storm vom 14./16. August 1881, zitiert in Karl K.
    Polheim (Hg.), *Theorie und Kritik der Novelle,* S. 159.

(4) Julian Schmidt, den Gottfried Keller durchaus nicht schätzte, beurteilt zwar die Gesamtheit der Novellen positiv, sieht aber in den vielen „barocken Einfällen" die entscheidenden Mängel der Keller'schen Erzählkunst:

„*Seldwyla ist ein närrischer Schweizerort, dessen Einwohner durch Unstetigkeit und Unsicherheit des Lebens einen üblen Ruf erworben haben, doch ist die Schilderung dieses Orts im Ganzen nur ein ziemlich gleichgültiger Rahmen für die einzelnen Bilder, denn Charaktere, wie die hier geschilderten, so sehr sie auch den Anstrich von Sonderlingen haben, würde man doch auch anderwärts wieder antreffen. Der Dichter verschmäht das Hilfsmittel des Dialekts, welches Jeremias Gotthelf und zum Teil auch Auerbach angewandt haben, um einen frischen, lebendigen Naturlaut hervorzubringen.*"[26]

————

(5) In seinem Buch zu den frühen Novellen Gottfried Kellers unterstreicht Hans Richter die kritische Grundhaltung des Autors, dessen „Seldwyla" die Folge existenzieller Veränderungen in der Schweizer Gesellschaft verorte:

„*Die Lage des Städtchens und sein Äußeres versinnbildlichen die ökonomische Rückständigkeit des Landes und die stadtbürgerliche Befangenheit in überkommenen und überholten Daseinsformen. Das politische Leben der Stadt gleicht den politischen Kämpfen und Wirren, die vom Beginn der Regenerationsperiode bis in die Jahrhundertmitte die Schweizer bewegten. Die wirtschaftlichen Notwendigkeiten, aus denen diese politische Entwicklung folgen musste, wirken auch im Bereich Seldwylas; sie bilden den Grund für die ökonomische Unsicherheit seiner Bewohner. Und die tief greifenden sozialen Umgrup-*

---

26 Aus einer Rezension Julian Schmidts (1856), zitiert in Peter Haida, G. K: *Romeo und Julia auf dem Dorfe. Materialien*, S. 107.

pierungen, die der herandrängende Kapitalismus in der Schweiz erfordert, sind auch im Erscheinungsbild Seldwylas festgehalten. Seldwyla als Ganzes ist demnach, so zuständlich es auch erscheinen mag, die künstlerische und kunstvolle Verdichtung wesentlicher Erscheinungen und Probleme, die mit der letzten großen gesellschaftlichen Entwicklungsetappe der Schweiz zutiefst verbunden sind."[27]

———

(6) Theodor Fontane erkennt in seinem Schweizer Kollegen den „Märchenerzähler", der erzähle, ohne zuerst nach der ‚Wirklichkeit' dessen zu fragen, worüber er schreibt:

„Gottfried Keller, und dies erklärt alles, ist au fond ein Märchenerzähler. Was nach dieser Seite hin liegt, ist meistergültig, wenigstens in den meisten Fällen. Er erzählt nicht aus einem bestimmten Jahrhundert, kaum aus einem bestimmten Lande, gewiss nicht aus ständisch gegliederten und deshalb sprachlich verschiedenen Verhältnissen heraus, sondern für eine Darstellung eine im Wesentlichen sich gleichbleibende Märchensprache, an der alte und neue Zeit, vornehm und gering gleichmäßig partizipieren. Historie, Kultur- und Sittengeschichte kümmern ihn nicht; er ordnet alles einem poetischen Einfall, der auf ihn selber wirkte und von dem er sich deshalb auch Wirkung auf andere verspricht, unter und legt sich nicht die Frage vor, ob all das, an gegebenem Ort und zu gegebener Zeit, überhaupt möglich war."[28]

———

27 Vgl. Hans Richter, *Gottfried Kellers frühe Novellen*, S. 73.
28 Theodor Fontane, *Die Leute von Seldwyla*. Nymphenburger Taschenausgabe, zitiert in Peter Haida, ebd., S. 112.

(7) Benno von Wiese unterstreicht Gottfried Kellers besondere Fähigkeit, sein novellistisches Erzählen stets an der Realität festzumachen:

„Gottfried Keller beherrscht alle Register der Novelle. Er kennt ebenso die tragische Novelle (‚Romeo und Julia auf dem Dorfe‘, ‚Regine‘) wie die komische (‚Pankraz der Schmoller‘, ‚Kleider machen Leute‘) oder auch solche Erzählungen, die sich dem Grotesken nähern wie ‚Die drei gerechten Kammacher‘; aber immer bleibt er episch bei den Begebenheiten selbst, deren mehr verhüllte als offen dargestellte Symbolik ganz aus dem Gegenständlichen der Wirklichkeit selbst herauswächst.“[29]

(8) Den Wert der Novelle als Unterrichtslektüre der Mittelstufe stellt Albrecht Weber nachdrücklich heraus:

„Für eine Empfehlung im Unterricht indes scheinen mir alle didaktischen Kriterien erfüllt: klare novellistische Struktur, bildhafte Sprachkraft, psychologische Entfaltung der Charaktere, Durchbruch wahren Seins durch den Schein und die Macht der Liebe als Thema. Diese Novelle gehört zum Inventar 8. Schuljahr und hat sich dort bewährt.“[30]

(9) Zu den satirischen Elementen der Novelle äußert sich Hans E. Giehrl:

„Das satirische Element lässt sich nicht nur am Schluss der Erzählung beobachten, man kann es unschwer durch die ganze Handlung verfolgen, und auch die meisten Personen sind selten ohne ironischen Doppeleffekt gezeichnet. Selbst Nettchen be-

29 Benno von Wiese, *Novelle*, S. 78 ff.
30 Albrecht Weber, *Deutsche Novellen des Realismus*, S. 74 f.

gegnet uns als ein ,hübsches Fräulein, äußerst prächtig, etwas stutzerhaft gekleidet und mit Schmuck reichlich verziert' (...) in einer Aufmachung, die ein wenig an eine Schmierenkomödie erinnert.

Die deutlichsten satirischen Züge in ,Kleider machen Leute' lassen sich dort feststellen, wo Keller die Bürger von Goldach und Seldwyla, ihre Umwelt, ihr Tun und Lassen zeichnet. Goldach und Seldwyla sind keine Gegensätze, sie sind zwei Seiten einer Medaille, Vertreter einer kurzatmigen, engen Bürgerlichkeit. Da der Hauptschauplatz der Geschichte die Stadt Goldach ist, stehen sie und ihre Bürger naturgemäß stärker im Blickpunkt als die als Kontrast funktionierenden Seldwyler. Goldacher Tüchtigkeit und Fleiß, Traditionsbewusstsein und Tugendhaftigkeit werden ebenso aufgewogen mit Heuchelei und Renommiersucht, Banausentum und Selbstgerechtigkeit wie Seldwyler Leichtsinn und Spottlust mit Leben auf Kosten anderer und fragwürdiger Liberalität. "[31]

---

31 Hans E. Giehrl in: Jakob Lehmann, *Deutsche Novellen*, S. 278–279.

5.   Materialien

Wir zitieren hier auszugsweise Stellungnahmen zu drei Themenkomplexen, auf die im **3. Kapitel** (Themen und Aufgaben) bereits Bezug genommen wurde: zu den Stichwörtern „Bauernepik", „Dorfgeschichte" und zur Stellung Gottfried Kellers in diesem Bezugsfeld (1–4); zur Gattung der Novelle (5–6) und zur Rolle des Lesers im 19. Jahrhundert (7).

(1) Peter Zimmermann formuliert einige Merkmale der ‚Bauernepik', zu denen Kellers Novelle *Kleider machen Leute* eine beträchtliche Nähe aufzuweisen scheint:

„Die Helden der Erzählungen und Romane gehören meist der besitzenden ländlichen Mittelschicht an, sind aus dieser Schicht abgesunken oder steigen in diese Schicht auf. Da der Prozess der sozialen Deklassierung sich tatsächlich massenhaft vollzogen hat, wäre zu untersuchen, wie er in den Bauernerzählungen motiviert wird. (...)

Gesellschaftlicher Auf- bzw. Abstieg werden meist nicht auf sozioökonomische Ursachen zurückgeführt, sondern entweder mit Hilfe eines Kataloges moralischer Tugenden und Fehler individualpsychologisch motiviert oder durch äußerlich-zufällige Faktoren wie glückliche Fügung (z. B. Liebe) bzw. widrige Schicksalsschläge erklärt.

Wird die Gefährdung der ländlichen Mittelschicht nicht auf persönliche Fehler oder Schicksalsschläge zurückgeführt, so wird sie häufig nach außen verlegt: Die Stadt – vielfach als Metapher für Auswirkungen der bürgerlich-kapitalistischen Wirtschaftsform verwendet – verkörpert das feindliche Prinzip.

Das Generalthema der Verfasser von ‚Dorfgeschichten' sind nicht die herrschenden sozialen Missstände, sondern es ist die Liebe auf dem Lande, an der immer wieder demonstriert wird, wie sie alle Besitzschranken zu überwinden vermag."[32]

(2) Jürgen Hein bringt die unterschiedlichen Versuche, das Genre „Dorfgeschichte" zu bestimmen, auf einen vorläufigen Nenner.

„DG lässt sich also als ein Teilgebiet im Bereich der bäuerlichen Epik (Dorfdichtung, Landliteratur usw.) bestimmen, das durch spezifische formale und inhaltlich-stoffliche Merkmale gekennzeichnet ist. Zu den formalen Merkmalen gehören der Umfang (zwischen einer und 200 Seiten) und erzähltechnische Aspekte (Erzählung, Geschichte, Novelle, Grenzfälle: Epos und Formen der Sachprosa), zu den inhaltlich-stofflichen die Bindung an ein regional begrenztes, lokales, soziales, ökonomisches und kulturelles Milieu, das Handlungsträger und Handlungsgeschehen bestimmt. Die Vielfalt der Termini (Bauernbild, Bauernspiegel, Bauernnovelle usw.) lässt sich unter dem Begriff DG subsumieren, der auch Formen der Sachprosa (z. B. lehrhaft-unterhaltende Erzählungen für Bauern oder Berichte, Beschreibungen, Reportagen) und in versepischer Gestaltung umfassen kann. Die Nähe zur Volkserzählung, Kalendergeschichte und Formen der Heimatliteratur ist dabei ebenso zu sehen wie zu den Formen der bäuerlichen Dramatik (bäuerliches Volksstück, Bauerndrama, im ländlichen Milieu spielendes Dialektstück usw.), auch im medialen Bereich von Rundfunk (Hörspiel, Feature) und Fernsehen. Weitere Definitionsmerkmale können sich aus der Intention, Distribution und Rezeption der DG ableiten lassen, aus dem Zusammenhang der strukturellen und inhaltlichen Elemente mit der Entwicklung bzw. dem Wandel in der Bauerndarstellung und deren ideologischen

---

32 Peter Zimmermann, *Bauernepik und bäuerliche Realität*, in: Peter Haida (Hrsg.), *Romeo und Julia auf dem Dorfe mit Materialien*, S. 101

Hintergründen, die sich aus der gesellschaftlich-historisch-ökono-mischen Entwicklung ergeben.”[33]

———

(3) Einige Stationen der „Dorfgeschichte" vom 17. bis zum Beginn des 20. Jahrhunderts. Es mag überraschen, dass einzelne ‚Klassiker' der deutschsprachigen Litera-tur darunter vertreten sind:

Christoffel von Grimmelshausen (1621–1676): *Der stolze Melcher*, 1672

Salomon Geßner (1730–1788): *Idyllen*, 1756

Johann Heinrich Voss (1751–1826): *Idyllen*, 1774

Johann Heinrich Jung-Stilling (1740–1817): *Heinrich Stillings Jugend*, 1777

Jean Paul (1763–1825): *Leben des vergnügten Schulmeisters Maria Wutz in Auenthal*, 1793

Johann Peter Hebel (1760–1826): *Schatzkästlein des rheinischen Hausfreundes*, 1811

Adalbert Stifter (1805–1868): *Das Haidedorf*, 1840

Jeremias Gotthelf (1797–1854): *Uli, der Knecht*, 1841

Berthold Auerbach (1812–1882): *Schwarzwälder Dorfgeschich-ten*, 1843

Annette von Droste-Hülshoff (1797–1848): *Die Judenbuche*, 1842

Gottfried Keller (1819–1890): *Romeo und Julia auf dem Dorfe*, 1856

Friedrich Spielhagen (1829–1911): *Hans und Grete*, 1867

Wilhelm Raabe (1831–1910): *Horacker*, 1876

Theodor Storm (1817–1888): *Renate*, 1878

Theodor Fontane (1819–1898): *Grete Minde*, 1880

Ludwig Anzengruber (1839–1888): *Edelweißkönig*, 1886

---

33 Vgl. Jürgen Hein, *Dorfgeschichte*, S. 25–26

Friedrich Lienhard (1865–1929): *Heimat,* 1900 ff.
Heinrich Federer (1866–1928): *Lachweiler Geschichten,* 1911

———

(4) Kellers Zwischenposition im Wandel der Erzählkunst des 19. Jahrhunderts versucht Jürgen Hein behutsam abwägend zu bestimmen, wobei es ihm wichtig ist, die Bedeutung der „Dorfgeschichte" gegenüber der „hohen Literatur" herauszustellen:

„Durch die landschaftlichen und sozio-ökonomischen Unterschiede in Nord-, Süd- und Mittel- bis Ostdeutschland bedingt, ergeben sich spezifische Darstellungsaufgaben der sich jeweils anders stellenden bäuerlichen Thematik. Volkskundlich orientierte Detailschilderung, realistische Abbildung bäuerlicher Problematik, sentimentale Heimaterzählung, pädagogisierende Tendenzgeschichte, Dialekterzählung und andere Formen stehen nebeneinander und vermischen sich. Daneben ist der Einfluss der DGn-Literatur auf die hohe Literatur der Zeit bei vielen Autoren nachweisbar, wie umgekehrt die DGn-Schreiber sich an Motiven, Erzähltechniken, Gattungen usw. der anerkannten Dichtung orientieren. Nun kann man die Aufnahme bäuerlicher Thematik bei Gottfried Keller, Adalbert Stifter, Annette von Droste-Hülshoff und anderen, später bei Theodor Storm und Theodor Fontane, als ‚Überwindung' der DG interpretieren; andererseits liegt die Annahme nahe, dass sich die beiden literarischen Schichten der volkstümlich-trivialen und der hohen Literatur in einem dialektischen Verhältnis befanden. D. h., es geht nicht um die Überwindung der DG, was schon eine Diskriminierung dieses Erzähltyps impliziert, sondern um eine Besinnung der Erzähler der anerkannten Dichtung auf publikumswirksame Formen wie eben DG, Kriminalerzählungen usw. Dabei muss die gespaltene Beziehung des Lesepublikums zur ‚Literatur'

beachtet werden, die das Ergebnis der literarischen Erziehung und Bildung ist und deren Ausläufer sich bis in die heutige Praxis der literarischen Wertung beobachten lassen: Das, was gerne viel gelesen wurde, ist meistens etwas anderes als das, was literarisch anerkannt und im Literaturkanon der Nachwelt überliefert wurde (vgl. Schende). Ästhetische und funktionale Wertung der DGn-Literatur sind zweierlei. [34]

———

(5) Über die Nähe von ‚Drama' und ‚Novelle' gibt der folgende Beitrag aus K. K. Polheims Zusammenstellung von Texten zur Novellentheorie Auskunft:

„Die Ähnlichkeit zwischen der in Frage stehenden Sorte von Romanen und Novellen springt in die Augen. Da ist zuerst, – in den meisten dieser Romane wenigstens – nur eine geringe Anzahl von Hauptpersonen, die von einer womöglich noch geringeren Begleitschar von Nebenpersonen unterstützt wird – gerade wie es die Novelle liebt. Da brauchen wir nicht über das geheimnisvolle Wesen der Menschen lange zu grübeln: sie treten fix und fertig, sozusagen, vor uns hin; ja der Hauptaccent des Interesses fällt nicht sowohl in das Wesen und den Charakter der Menschen, als in die Peripetien des Konfliktes, der aus dem Kontakt dieser fertigen Menschen resultiert, und auf dessen Katastrophe mit möglichster Kraft hinzuarbeiten, die einzige, jedenfalls die hauptsachliche Aufgabe des Dichters scheint – alles genau so, wie wir es bei der Novelle zu fordern und zu finden gewohnt sind. (...)
Kein Romanstoff ist auch zugleich ein Dramenstoff, folglich kann kein Roman in ein Drama umgedichtet werden.
Ein Novellenstoff ist fast immer zugleich dramatisch; folglich kann beinahe jede Novelle in ein Drama umgedichtet werden.

---

34   Jürgen Hein, ebd., S. 88.

Freilich wolle man unter ‚Romanstoff' – ‚Novellenstoff' nicht etwa jedes beliebige Material verstehen, das unter anderem in einem Romane, einer Novelle verarbeitet werden mag, sondern die Idee, welche dem Romane, der Novelle zu Grunde liegt, in denselben zum vollkommenen Ausdruck gebracht ist und in der dramatischen ‚Umdichtung' zu einem ebenso vollkommenen Ausdruck gebracht werden müsste."[35]

———

(6) Benno von Wiese macht auf den Umfang noch ungeklärter Zusammenhänge in der Diskussion über die Novelle als literarischer Gattung aufmerksam:

„So sehr die Novellendichtung und die Novellentheorie sich primär aus ästhetischen Fragen der verschiedensten Art ableiten lassen, so sehr wird man sich auch wieder zugeben müssen, dass der Wandel in der Erzähltradition und in der Theorie des Erzählens vom 18. bis zum 20. Jahrhundert, vor allem in den krisenhaften Übergängen von der Romantik zum Realismus und vom Realismus zur Moderne auch in den gesellschaftlichen und geschichtlichen Situationen zusammenhängt, in denen jeweils das Wesen der Dichtung in sehr verschiedener Weise aufgefasst wird. Wie sich ästhetische Optik und gesellschaftliche Wirklichkeit zueinander verhalten, wie weit sich ferner dieses Wechselverhältnis vom Wachstum der Gattung ‚Novelle' her verstehen lässt, das alles gehört durchaus zu den offenen Fragen, die auch der Forschung über die Novelle bis heute noch aufgegeben sind."[36]

———

---

35 Karl K. Polheim, *Theorie und Kritik der Novelle*, S. 163–166.
36 Benno von Wiese, *Novelle*, S. 20.

(7) Die sich herauskristallisierende Vorliebe für längere Erzähltexte, ‚Romane', erkennt Wolfgang R. Langenbucher als die bedeutsamste Entwicklung im Verhalten der Leser des 19. Jahrhunderts:

„Im einen, historisch früheren Fall macht die Literatur einen Teil jener Kultur aus, die vom Müßiggang einer kleinen Schicht getragen wird. Im anderen, bis zur Gegenwart reichenden Falle aber wird sie in der arbeitsteiligen Industriegesellschaft zur psychologisch erforderlichen Kompensation des Teiles der Zeit, die man mit seinem Beruf zubringt und dient der Evasion. Diese Funktion der Literatur wird im Laufe des 19. Jahrhunderts absolut dominierend, gibt ihr den eigentlichen Charakter einer Massenkultur, weil jetzt auch ‚Unterhaltung' zu einem Gegenstand des Konsums wird, weil man jetzt wie nie zuvor eine Reihe von Kommunikationsbedürfnissen durch ‚künstliche' Produkte, durch rationalisiert verfertigte Kulturgüter, also aus ‚zweiter' Hand stillt. Seit der Mitte des 18. Jahrhunderts macht die Unterhaltung bis heute immer breiter werdende Ströme der Literatur aus, beherrscht den literarischen Markt und bedient spezifische Bedürfnisse auf allen Ebenen und in allen sozialen Schichten. Dabei differenziert und spezialisiert sich das Gebiet der Schönen Literatur, vor allem bei der Gattung Roman, die – gegen manche Widerstände – sich schließlich auch in Deutschland als die repräsentative Form der Epoche durchgesetzt hat. Die Verbreiterung des Publikums ist von der romanhaften Gestaltung neuer Themen und Stoffe begleitet. Beides bedingt sich wieder wechselseitig. Durch die Darstellung neuer Bereiche des Lebens werden neue Schichten der Gesellschaft (Berufe, Klassen etc.) in das literarische Gespräch gezogen; man gewinnt sie für die Lektüre, indem man ihre Welt zum Gegenstand macht. Und umgekehrt provozieren die neuen Lesermassen den Schriftsteller zur literarischen Verarbeitung ihrer Welt."[37]

---

[37] Wolfgang R. Langenbucher, *Massenpublikum und literarische Produktion*, in: Helmut Popp, Die Rolle des Lesers, S. 33

Literatur

Keller Gottfried: *Kleider machen Leute. Novelle.* Anmerkungen von R. Selbmann. Stuttgart 2000 (Reclam, RUB 7470) *(Nach dieser Ausgabe wird zitiert.)*

Keller, Gottfried: *Die Leute von Seldwyla. Erzählungen.* Mit einem Nachwort von G. Sautermeister. 2. Aufl. München 1979 (Goldmann)

Keller, Gottfried: *Kleider machen Leute. Novelle.* Anmerkungen von G. Eversberg. Hollfeld 1997 (Bange, Königs Lektüren 3011)

Keller, Gottfried: *Über Jeremias Gotthelf.* Mit einem Nachwort von H. Weder. Chronik und Bibliographie von F. Cavigelli. Zürich 1978 (Diogenes)

Keller, Gottfried: *Sämtliche Werke und ausgewählte Briefe.* Hrsg. von Clemens Heselhaus. 3 Bde. München 1956–58 (Hanser)

Keller, Gottfried: *Romeo und Julia auf dem Dorfe.* Mit einem Nachwort von Konrad Nussbächer, Stuttgart o. J. (Reclam, RUB 6172)

––––––

Ackerknecht, Erwin: *Gottfried Keller. Geschichte seines Lebens.* Leipzig 1939

Baechtold, Jakob: *Gottfried Kellers Leben. Seine Briefe und Tagebücher.* 3 Bde. Berlin 1894–97

Baumann, Walter: *Gottfried Keller. Leben, Werk, Zeit*. München-Zürich 1986

ders.: *Auf den Spuren Gottfried Kellers*. Zürich 1984

Boeschenstein, Hermann: *Gottfried Keller*. Stuttgart 1977 *(Mit ausführlicher Bibliografie.)*

Breitenbruch, Bernd: *Gottfried Keller mit Selbstzeugnissen und Bilddokumenten*. Reinbek [13]1994

Ermatinger, Emil: *Gottfried Kellers Leben. Mit Benutzung von Jakob Baechtolds Biographie dargestellt*. Zürich [8]1950

Frey, Adolf: *Erinnerungen an Gottfried Keller*. Leipzig 1892

Gsell, Hanspeter: *Einsamkeit, Idyll und Utopie. Studien zum Problem von Einsamkeit und Bindung in Gottfried Kellers Romanen und Novellen*. Bern-Frankfurt/M. 1976

Guggenheim, Kurt: *Das Ende von Seldwyla. Ein Gottfried Keller-Buch*. Zürich-Stuttgart 1965

Hauschild, Brigitte: *Geselligkeitsform und Erzählstruktur. Die Darstellung von Geselligkeit und Naturbegegnungen bei Gottfried Keller und Theodor Fontane*. Diss. Giessen 1980

Hauser, Albert: *Gottfried Keller. Geburt und Zerfall der dichterischen Welt*. Zürich 1979

Kaiser, Gerhard: *Gottfried Keller. Das gedichtete Leben*. Frankfurt/M. 1981

Locher, Kaspar T.: *Gottfried Keller. Der Weg zur Reife.* Bern/ München 1969

Lukacs, Georg: *Gottfried Keller.* Berlin 1946

Metz, Klaus-Dieter: *Gottfried Keller.* Stuttgart 1995 (Literaturwissen)

Muschg, Adolf: *Gottfried Keller.* München 1977

Neumann, Bernd: *Gottfried Keller. Eine Einführung in sein Werk.* Königstein i. Ts. 1982

Preisendanz, Wolfgang: *Humor als dichterische Einbildungskraft.* München 1963

Preisendanz, Wolfgang: Keller: *Der grüne Heinrich.* In: Der deutsche Roman. Vom Barock bis zur Gegenwart. Struktur und Geschichte. Hrsg. von Benno von Wiese. Bd. 2. Düsseldorf 1963. S. 76–127

Richter, Hans: *Gottfried Kellers frühe Novellen.* Berlin 1960, S.73

Rilla, Paul (Hrsg.): *Über Gottfried Keller. Sein Leben in Selbstzeugnissen und Zeugnissen von Zeitgenossen.* Zürich 1978

Roffler, Thomas: *Gottfried Keller. Ein Bildnis.* Frauenfeld/ Leipzig 1931

Rothenberg, Jürgen: *Gottfried Keller. Symbolgehalt und Realitätserfassung seines Erzählens.* Heidelberg 1976

Sautermeister, Gert: *Gottfried Keller.* In: Deutsche Dichter. Leben und Werk deutschsprachiger Autoren. Hrsg. von Gunter E. Grimm und Frank Rainer Max. Bd. 6: Realismus, Naturalismus und Jugendstil. Stuttgart 1989 [u. ö.]. S. 87–125

Staiger, Emil: *Die Zeit als Einbildungskraft des Dichters. Untersuchungen zu Gedichten von Brentano, Goethe und Keller.* Zürich 1953. S. 161–210

Wildbolz, Hanna: *Mensch und Stand im Werke Gottfried Kellers.* Bern 1969.

Wysling, Hans: *Gottfried, Keller. 1819–1890.* Zürich/München 1990

Zäch, Alfred: *Gottfried Keller im Spiegel seiner Zeit. Urteile und Berichte über den Menschen und Dichter.* Zürich 1952

———

Cowen, Roy C.: *Gottfried Keller. Die Leute von Seldwyla (I/II).* In: R. C. Cowen. Der poetische Realismus. Kommentar zu einer Epoche. München 1985, S. 219–234

Friedrichsmeyer, Erhard: *Strapinskis Krise in Kellers ‚Kleider machen Leute': Eine Komplementärperspektive.* In: The German Quarterly 40 (1967) S. 1–13

Giehrl, Hans E.: *Kleider machen Leute.* In: J. Lehmann (Hrsg.): Deutsche Novellen von Goethe bis Walser. 2 Bände. Königstein/Ts. 1980. Band 1, S. 275–287

Haida, Peter: *Gottfried Keller. ‚Romeo und Julia auf dem Dorfe'* *mit Materialien.* Stuttgart 1997 (Editionen Pegasus, Klett)

Hein, Jürgen: *Erläuterungen und Dokumente. Gottfried Keller: ‚Romeo und Julia auf dem Dorfe'.* Stuttgart 1971 [u. ö.]

Höllerer, Walter: *Gottfried Kellers ‚Leute von Seldwyla' als Spiegel einer geistesgeschichtlichen Wende. Eine Studie zur Novelle im 19. Jahrhundert.* Diss. Erlangen 1949

Jeziorkowski, Klaus: *‚Kleider machen Leute'. Text, Materialien, Kommentar.* München-Wien 1984

Neumann, Bernd: *Gottfried Keller: ‚Kleider machen Leute' (1873).* In: Interpretationen und Novellen des 19. Jahrhunderts. Bd. 2. Stuttgart 1990 [u. ö.], S. 235–278

Pinto, Annemarie: *Das Mantelmotiv in Kellers ‚Kleider machen Leute' und Gogols ‚Der Mantel'.* Bern-Fankfurt/M. 1978

Rowley, Brian Alan: *Keller, ‚Kleider machen Leute'.* London 1960

Staiger, Emil: Nachwort zu Gottfried Kellers: *Die Leute von Seldwyla.* Zürich 1982, S. 621–630

Sautermeister, Gert: Nachwort zu: *Gottfried Keller. Die Leute von Seldwyla.* München 1979, S. 567–599

Weber, Albrecht: *Gottfried Kellers Novellen.* In: A. W.: Deutsche Novellen des Realismus. Gattung-Geschichte-Interpretationen-Didaktik. München 1975, S. 63–81; zu *Kleider machen Leute,* S. 72–75

Wiese, Benno von: *Kleider machen Leute*. In: B. v. Wiese: Die deutsche Novelle von Goethe bis Kafka. Düsseldorf 1956, S. 238–249

———

Gutzkow, Karl: *Liberale Energie. Kritische Schriften*. Ausgewählt und eingeleitet von P. Demetz. Frankfurt/M. 1974

Hein, Jürgen: *Dorfgeschichte*. Stuttgart 1976 (Sammlung Metzler Band 145)

Hesse, Hermann: *Eine Literaturgeschichte in Rezensionen und Aufsätzen*. Herausgegeben von V. Michels. Frankfurt/M. 1979

Krämer, Herbert (Hrsg.): *Theorie der Novelle*. Arbeitstexte für den Unterricht. Stuttgart 1976 (Reclam)

Kunz, Josef: *Die deutsche Novelle im 19. Jahrhundert*. Berlin 1978

Martini, Fritz: *Deutsche Literatur im bürgerlichen Realismus 1848–1898*. Stuttgart 1974

Polheim, Karl Konrad: *Theorie und Kritik der deutschen Novelle von Wieland bis Musil*. Tübingen 1970

Preisendanz, Wolfgang: *Wege des Realismus. Zur Poetik und Erzählkunst im 19. Jahrhundert*. München 1977

Wiese, Benno von: *Novelle*. 6.Aufl. Stuttgart 1975 (Sammlung Metzler Band 27)

———

Hussong, Martin u. a.: *Textanalyse optisch. Textanalyse im Deutschunterricht mit gezeichneten Modellen.* Düsseldorf 1971 (Schwann)

Pelster, Theodor: *Epische Kleinformen. Methoden der Interpretation.* Düsseldorf 1976 (Schwann); zur „Satire" vgl. S. 112–138

Popp, Helmut (Hrsg.): *Die Rolle des Lesers.* Darin: Wolfgang R. Langenbucher: Massenpublikum und literarische Produktion. München 1977 (Oldenbourg), S. 32–33

CD-ROM: Keller, Gottfried: *Kleider machen Leute.* Stuttgart (Reclam, ISBN 3-15-110014-0)

Materialien aus dem Internet:

http://www.gottfriedkeller.ch
(*Gottfried-Keller-Homepage*)

http://www.kellerbriefe.ch/
(Briefe Kellers)

Verfilmung:

Kleider machen Leute. Deutschland 1940.
Regie: Helmut Käutner.
Mit Heinz Rühmann.

Wie interpretiere ich...?

■ Der Bestseller!

Alles zum Thema Interpretation,
abgestimmt auf die individuellen Anforderungen

✏ **Basiswissen**
(Einführung und Theorie)
- grundlegende Sachinformationen zur Interpretation und Analyse
- Grundlagen zur Erstellung von Interpretationen
- Fragenkatalog mit ausgewählten Beispielen
- Analyseraster

✏ **Anleitungen**
(konkrete Anleitung - Schritt für Schritt,
mit Beispielen und Übungsmöglichkeiten)
- Bausteine einer Gedichtinterpretation
- Musterbeispiele
- Selbsterarbeitung anhand praxisorientierter Beispiele

✏ **Übungen mit Lösungen**
(prüfungsnahe Aufgaben zum Üben und Vertiefen)
- konkrete, für Klausur und Abitur typische Fragen und Aufgaben-
  stellungen zu unterrichts- und lehrplanbezogenen Texten mit Lsg.
- epochenbezogenes Kompendium

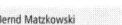

Bernd Matzkowski
Wie interpretiere ich Lyrik?
Basiswissen Sek. I/II (AHS)
112 Seiten, mit Texten
Best-Nr. 1448-8

Thomas Brand
Wie interpretiere ich Lyrik?
Anleitung Sek I/II (AHS)
205 Seiten, mit Texten
Best-Nr. 1512-6

Thomas Möbius
Wie interpretiere ich Lyrik?
Übungen mit Lösungen, Band 1
Mittelalter bis Romantik
Sek. I/II (AHS),
158 S., mit Texten
Best.-Nr. 1513-3

Thomas Möbius
Wie interpretiere ich Lyrik?
Übungen mit Lösungen, Band 2
Realismus bis Postmoderne
Sek. I/II (AHS),
149 S., mit Texten
Best.-Nr. 1461-7

Bernd Matzkowski
**Wie interpretiere ich
Novellen und Romane?**
Basiswissen Sek. I/II (AHS)
74 Seiten
Best-Nr. 1495-2

Thomas Brand
**Wie interpretiere ich
Novellen und Romane?**
Anleitung Sek. I/II (AHS)
160 Seiten, mit Texten
Best.-Nr. 1471-6

Thomas Möbius
**Wie interpretiere ich
Novellen und Romane?**
Übungen mit Lösungen Sek. I/II (AHS)
200 Seiten, mit Texten
Best-Nr. 1472-3

Bernd Matzkowski
Wie interpretiere ich ein Drama?
Basiswissen Sek. I/II (AHS)
112 Seiten
Best-Nr. 1419-8

Thomas Möbius
Wie interpretiere ich ein Drama?
Anleitung
204 Seiten, mit Texten
Best.-Nr. 1466-2

Thomas Möbius
Wie interpretiere ich ein Drama?
Übungen mit Lösungen
206 Seiten, mit Texten
Best.-Nr. 1467-9

Bernd Matzkowski
Wie interpretiere ich?
Sek. I/II (AHS)
114 Seiten
Best.-Nr. 1487-7

Bernd Matzkowski
**Wie interpretiere ich Kurzgeschichten,
Fabeln und Parabeln?**
Basiswissen Sek. I/II (AHS)
96 Seiten, mit Texten
Best-Nr. 1519-5

Thomas Möbius
Beliebte Gedichte interpretiert
Sek I/II (AHS)
104 S., mit Texten
Best.-Nr. 1480-8

Eduard Huber
Wie interpretiere ich Gedichte?
Sek I/II (AHS)
112 Seiten
Best.-Nr. 1474-7
Ein kompakter Helfer zum Thema
Gedichtinterpretation.
Das Buch hebt sich durch seine kompakte
Darstellung und seine Methodik von anderen
Interpretationshilfen ab.

Bange ...leichter lernen!